# 「脱・ブラック企業」の経営戦略

業務の可視化と標準化による組織変革

桑畑治彦

日本経済新聞出版

# はじめに

「仕事の裁量の幅を、大きく持たせてもらえる」
「楽しんで仕事ができている」
「何でも相談して、という空気感が常にあってコミュニケーションをとりやすい」
「職種や役割、年齢に関わりなく、自分の意見を出せる環境」
「会社のメンバーが好きだから貢献したい」

今、社内でそう言ってくれる社員が増えています。社内アンケートやヒアリングなどで寄せられる声の多くはポジティブ。「自分の会社が好きだ」と言ってくれる社員がたくさんいます。

当社は「株式会社アドフレックス・コミュニケーションズ」といい、筆者は代表取締役を務めている桑畑治彦です。

「株式会社ストリートホールディングス」のグループ会社としてＤＸ（デジタルトランスフォーメーション）事業を担い、デジタルマーケティング領域を主戦場に、企業の課題解決やＡＩ（人工知能）ソリューションを活用したコンサルティングサービスを提供しています。

少し前まで、当社はいわゆる「普通の広告代理店」でした。前身は大阪を拠点とした広告代理店の東京支社です。筆者は、東京支社が設立された時の社員第一号として、第二新卒で入社しました。

当社を設立したのは、２００８年のこと。その東京支社に所属していた7名で、ウェブ広告の企画提案や制作、運用を手掛ける会社として独立しました。幸いにも多くのクライアントに恵まれ、業務は順調に拡大。最盛期には、会社の売り上げは30億円前後まで達していました。

ところが、会社は大きな問題を抱えていました。

人が定着しないのです。

当時、インターネット広告業界は花形業種の１つでしたから、採用募集をかければ多くの応募がありました。

しかし採用を続けても、続けても、社員が残りませんでした。毎年10〜20人単位で人が入れ替わり、中には入社した翌日に退職届を出す方もいました。

社内は慢性的な人手不足に陥っていきます。マネジャーの負荷は高まり、そのストレスはやがて社内の不和に発展していきました。会社の雰囲気はお世辞にも良いとは言えませんでした。

これは設立から5年目、2013年頃の話です。

ちょうど、インターネットなどを中心に「ブラック企業」という言葉が流行り始めた頃でした。今振り返ると、当時の会社は典型的なブラック企業だったと言っていいと思います。


当時、管理職の多くは「会社への所属意識よりもクライアントや部下の利益だけは守る。場合によっては、クライアントに話してこの部署ごと独立してもいい」という意識で、クライアントや業務、また部下を抱え込み、セクショナリズムに問題がありました。

部署間の横のつながりはもちろん、他部署同士の社員に交流などほとんどなく、「どうせ、この会社には長くいない。一定の業務経験を積んだら、転職したい」と、広告業界への入り口として、また次のステップへの踏み台として考えている社員が数多くいました。

そんな管理職や社員に対して、経営陣の多くは「どうせすぐ辞めるんだろう。みんな、自分のことしか考えていない」と、悩んでいた時代でした。

いつしか経営陣と管理職、経営陣と社員の間に溝が生まれ、互いに不信感が蔓延していました。

筆者は2015年に取締役に就任、翌年にはCOO（最高執行責任者）となり、様々な制度変更や施策を提案しました。中には上手くいったものもありましたが、多くは失敗でした。その間にも、会社は荒れていく一方でした。

そして2017年、当社は「株式会社トライステージ」に全株式を譲渡し、連結子会社になりました。当時の社長や主だった役員は退任。筆者は会社に残る決断をし、代表取締役に就任しました。

ここから、会社を立て直すべく、抜本的な改革に着手します。最初に手を付けたのは、収益形態の改革でした。

インターネット広告の事業は、広告の種類や担当する業界によっては、将来の売り上げが読みづらいという課題があります。創業から当社は、ダイレクトマーケティングと呼ばれる領域でディスプレイ広告を強みとして、ビジネスを展開してきました。ダイレクトマーケティングの特性上、広告を出して売れれば広告費はどんどん膨れ上がり、広告を出しても売れなければ予算は早々に減るという形態になっており、ディスプレイ広告の成否を分けるものは、レスポンスが取れる（商品の購入やサービスの申し込み、問い合わせや資料請求など、広告を見た人がアクションを起こす）クリエイティブでした。どのクリエイティブはレスポンスがいいか、ということは事前に分かるものではなく、年度の経営計画もさることながら、今月、来月の予算を読むことすら難しい状態でした。

そこで1つ目に取り組んだのが、再現性や積み上がりが読みづらい「ディスプレイ広告領域」から、再現性や積み上がりが期待できる「検索連動型広告」への軸足の転換でした。これにより経営が安定し、中長期的な経営計画を立てられるようになりました。この改革により、何より大きかったのが、社員が業務を抱え込んでいた「ブラックボックス化」の状態の解消です。結果として業務の工程を可視化することができました。

2つ目の改革は、業務内容の切り分けでした。広告業界では、マネジャーなどクライアントと直接交渉をする担当者に情報が集中し、業務が属人化しやすいのが特徴です。その結果、1人のスーパースターと、残りの人員はそのサポートとして動くだけ、という構図になりがちです。

そこで業務内容を細かく切り分け、どんな仕事にどれだけ時間がかかるか、時間単価まで算出。受注から納品、広告運用に至るまでの工程を切り分け、全作業を標準化させたのです。これによりすべての作業をオペレーショナルに進め、ものによっては分業化することもできるようになりました。

3つ目が、人事制度の情報公開です。職位制度や定性評価項目を整え、それに合わせて社内組織も抜本的に変更しました。

様々な試行錯誤と紆余曲折を経て、多くの制度を改廃しながら小さな成果を積み重ねていきました。

3年ほど経過した2020年頃から、会社に変化が表れ始めます。少しずつではありますが、冒頭で紹介したような「自分の意見を出せる」「楽しんで仕事ができる」といった声が、社員から聞こえてくるようになってきたのです。

そして改革から7年が経過した2024年現在——。かつて社内に存在していたセクショナリズムはなくなり、多くの社員が主体的に会社のことを考えてくれるようになりました。

「今、会社が必要としているものは何か」

「どんなことをすればクライアントはもちろん、社内のみんなが喜んでくれるか」

「何をすれば、自分もみんなもハッピーな環境で働けるか」

こうした目的のために、日々の業務を合理的に効率よく進めながら、会社や周囲の仲間のために自律的に行動するようになっています。

今、当社の管理職（ディレクター）たちと会議をすると、その変化を感じ取ることができます。

例えば、夕方の会議で誰かが「社内で○○という課題がある」と問題提起をしたとします。

私が何かを発言する間もなく、次々と「ああ、それなら××さんが詳しい」とか「これをやったら上手くいった」などと、たちまち話し合いが進みます。様々な意見が出て、その日のうちに収斂され、解決に向けた取り組みが即座に始まります。

そんなことが本当によくあるのです。かつての険悪な雰囲気を考えると、この変化には感動を禁じ得ません。

改革の成果は、経営の数値にも顕著に表れています。広告代理店業界には、会社の売り上げが30億円を超えたところで頭打ちになる「30億円の壁」と呼ばれる天井が存在します。かつての当社もそこで伸び悩みました。

しかし一連の改革によって、30億円の壁を突破。２０２３年度の売り上げは85億円に達しました。社員数は70名まで増え、かつては4%程度だった営業利益率も7・5%まで上がりました。

こうした社員の心意気に応えるべく、会社としても家賃補助制度やランチ補助制度、オフ活補助制度などの福利厚生にも力を入れています。

2023年から、筆者はストリートホールディングスの執行役COOを兼任。アドフレックスの舵取りをしながら、ホールディングス全体の改革にも着手しはじめています。

典型的なブラック企業だった当社が、どのようにして変わったのか。

本書では、筆者が約7年にわたって取り組んだ会社の立て直し方と変革の手法について解説していきます。

鍵を握るのは、「業務の可視化と標準化」です。ポイントは社内の情報格差を解消するために、できる限り多くの情報を公開すること。そのうえで会社と社員の間にフェアな関係を築いていくことが重要です。

そうすれば、社員は必ず会社のことを自分事として捉え、日々の仕事や業務改善に主体的に、楽しみながら取り組んでくれるようになると筆者は考えています。

紹介する施策の中には、会社のステージに合わなくなったため、現在では実施していないものも含まれています。しかしながら、もし何かの役に立てばという思いで掲載しました。

当社の取り組みが、同じように「行き詰まり」を抱える企業や経営者の方々にとって、解決の一助になれば嬉しく思います。

桑畑　治彦

# 目次

## 第2章 新たなビジネスモデルと「業務の可視化」

第3章

# すべての業務を標準化し、定量的なデータにする

# 第4章

# 評価制度の透明性を高め、風通しを良くする

第5章

# 会社を良くする制度とプロジェクト …… 139

# 第1章

# なぜ会社はブラック化するのか

## 「仕事の属人化」は、なぜ起こるのか

２０１０年前後の話だったと思います。

「クライアントの要求には、きめ細かに応えていかないとダメだ。次の仕事をもらえなくなる。大体にして、あのクライアントは特別で、俺じゃないとコントロールができない。この業界、そしてこの業務は、属人化して当然だ」

これは筆者がまだ駆け出しだった頃、大手広告代理店出身の方に教えていただいた考え方です。当時は、この考え方が当たり前とされていました。広告は〝水物〟であり、営業担当者は〝人〟で勝負するしかない。強みをまだ持たない中小の広告会社ではそれが常識でした。

企業が出す広告は、クライアントであるその事業会社の経営戦略や営業方針によって、突如として方向性が１８０度変わります。

当たり前の話ですが、商品Ａの広告を請け負っていても、クライアントが「来季からは、商品Ｂを主力にする」という方針に変われば、商品Ａの広告は即座に打ち切ら

れます。商品Bの広告も自社で受注できれば問題はありませんが、「担当者の配置換えに伴い、別の代理店さんにお願いすることになりました」と言われて突然に仕事がなくなるのは、よくある話です。これは受注側からすれば大問題です。それまで年間何百万、何千万円単位だった売り上げが、一瞬にしてゼロになるわけです。

そうならないために営業担当は日々、努力を重ねます。クライアントに気に入られるよう努めたり、経営方針や社会全体のトレンドを読むため情報収集をしたり、様々な企画や施策を先回りして提案していきます。

クライアントからスケジュールや金額面で多少無理なお願いをされても、「今回だけですよ」などと言いながらのみ込みます。「融通が利かない人間」というレッテルは、広告営業の担当者にとって致命的です。

一方で〝無理なお願い〟はチャンスでもあります。難題を引き受けて頑張って解決すれば、クライアントの信頼を勝ち取ることができます。こうした積み重ねが次の受注につながります。事業方針が変わった時も、「前回の案件で頑張ってくれたから、またあの担当者にお願いしてみようか」となる可能性が出てくるわけです。

これは広告業界に限った話ではありません。様々な業界で共通する話だと思います。だからと言って、「それが当たり前」「仕事はそういうものだ」と放っておくことはお勧めしません。

なぜなら、かつての当社で起きた「会社のブラック化」は、すべてここから始まった問題だったからです。

## 東京支社の第一号社員として入社

少し前まで、当社は、よくある広告代理店の1つでした。

母体となったのは、大阪を拠点とする広告代理店の東京支社です。この会社は東京進出のため、2005年に東京支社を設立。事務所があったのは新宿の雑居ビルの一室でした。

当時の筆者は23歳。愛知県名古屋市にある南山大学を卒業したあと、一度はシステムインテグレーション企業に就職しました。入社半年後に名古屋へ配属となり、「もっと厳しい環境で自分を試してみたい」という思いから退職します。何の伝手もない状態でしたが「何とかなるだろう」と上京して入社したのが広告代理店でした。

筆者は昔から、ルールや前例がないフロンティアで、試行錯誤をしながら進んでいくのが好きでした。何でも自由に挑戦させてくれる社風がとても心地よく、取引先を探すため、「会社四季報」を買ってページの最初から1社ずつ電話営業をかけたり、夜討ち朝駆けで飛び込み営業をしたりするなど、毎日楽しく仕事をしていました。広告業界での実績はもちろん、ビジネスパーソンとしての経験も浅い23歳の若造にもかかわらず、様々な仕事を任せてくれました。本当に嬉しかったですし、やりがいも感じていました。

筆者が入社したあとも、何人か広告業界未経験の人を採用したのですが、なかなか上手くいかず、支店長と筆者の2人体制での業務が続きました。その後、続々と業界での経験と実績が豊富な方々が中途採用で入社し、あっという間に8人ほどの組織になりました。

そして2008年、経営方針などの違いから、東京支社に所属していた総勢7名で独立、株式会社アドフレックス・コミュニケーションズを設立します。また当時の状況として、インターネットの普及が加速し、藤田晋さんが率いるサイバーエージェントが大きく羽ばたくなど、ネット系ベンチャー企業が注目を浴びている時期でもありました。特にデジタル広告は新しい分野だったため、規模の小さなベンチャーでも、やり方次第で超大手と競合できる時代でした。

まさに「前例も先駆者もなく、何でも自由にできるフロンティア」が、目の前に広がっているように感じていました。

## 「給料なんて関係ない。仕事が楽しいからいい」

社名は「アドバンスド」＋「フレキシビリティ」を由来とし「アドフレックス」となりました。会社の理念は「For your success」で、「クライアントの成功のために」という思いを込めていました。

創業メンバーは非常に優秀で、クリエイティビティにも優れ、かつ仕事が大好きでたまらない人たちです。昼夜を問わず、ひたすら働き続けるのが当たり前で、筆者もその1人でした。

毎日、朝6時に出社して帰宅するのは日付が変わってから。繁忙期であれば徹夜もよくしましたし、休日返上も当たり前で働いていました。大変でしたが、面白さのほうが勝っており、「仕事をしているのか、楽しく遊んでいるのか分からない」という感覚があったほどです。

しかし会社の規模が小さいため、残業代などはほとんど出ません。今でも時々、冗談半分で言うのですが、この時期の筆者は長時間労働などに対する〝痛覚〟が麻痺した状態で働いていました。妻から残業時間の多さや給料の低さを指摘されても、「給料なんて関係ないよ。楽しいからいいんだ」と答えていたほどです。

これは当社に限った話ではありませんでした。多くの広告代理店で同じような状況でしたし、業界的には「良いこと」とされていました。極端な言い方をすれば、これが「仕事ができる人の証し」ですらありました。当時の業界で働いていた人たちと思い出話をすれば、「どれだけ働いても疲れなかった」とか「朝まで飲んだあと、そのまま出社して仕事をした」といった〝武勇伝〟が今もよく出てきます。

こうした武勇伝の弊害についてはあとで解説しますが、ブラック企業化を助長するタネになるので、注意が必要です。

さて、2010年頃になると、当社に転機が訪れます。筆者が健康食品やサプリメント、化粧品などを製造・販売する会社に飛び込み営業をかけたところ、それまでは取引がなかったにもかかわらず、大口の発注をいただけるようになりました。

担当者の方に気に入っていただけたようで、その後も「桑畑にいろいろ任せてみるか」と、様々な仕事を振っていただけました。やがてウェブ向けの広告など、企画から制作、運用まで一式をすべて請け負うことができるようになります。筆者はプレイング・マネジャーとして部下を動かしながら、無我夢中で働きました。頑張ったかいがあり、大口顧客の仕事はどんどん拡大していき、一時は全社売り上げのうち85％を占めるほどでした。新中野に構えていた事務所を引き払い、浜松町に移転したのもちょうどこの頃です。

そのように高く評価してくださったことはとても光栄で、嬉しく思いながら、さらに仕事に打ち込みました。当社の業績も大きく進展し、2009年度に9億円だった売り上げは11年度に20億円を超え、13年度には30億円を突破するようになりました。

## 新しい人材を採用しても、全く定着しなかった理由

しかし、このあたりから筆者自身も、「あれ？　何かがおかしい」と思うことが増え始めました。

会社に人が残らないのです。人材募集をかけて採用しても、全く定着しません。社員が次から次へと辞めていくのです。なぜ人が辞めていくのか。理由はシンプルでした。労働環境が過酷だったからです。当社の「ブラック企業化」はここから加速していきます。

以下は、筆者が経験した広告業界の業務パターンですが、もしかしたら他の業界にも当てはまる部分があるかもしれません。

インターネット広告の多くは従来の紙媒体や映像の広告と違って、広告に接触した

人数、クリック数、商品の申込数など細部のデータが見えるのが特徴です。そのため、PDCAのサイクルを細かく速く回すことができるのが特徴です。広告を請け負うと大体のケースでは毎週「レポート」を提出する必要があります。

どのような意図で、どの媒体のどんな箇所に広告を出し、どういった効果が得られたのか。次に向けて改善すべきはどんな点で、具体的には何を変え、何を変えないのか――。そういったことをパワーポイントなどの資料にまとめ、お客様にプレゼンしていきます。

20件の広告受注があれば、毎週20件分のレポートを作成し、それぞれ報告しなければなりません。当時はRPA（ロボティック・プロセス・オートメーション）のツールやチャットGPTなども存在せず、これだけでもかなりのマンパワーが必要でした。それとは別に新しい広告企画を考えたり、バナーを作成したり、新規の提案をして仕事を広げていく必要もあります。

筆者の場合、日中は営業活動を行い、夕方から夜中にレポートを作成する日が続きました。最初は1人でも何とかこなせていましたが、案件が増えていくと、すぐに限界を迎えました。そこで新しくスタッフを雇って手伝ってもらいますが、そう簡単にはいきません。そもそも、広告業界の仕事は楽ではありません。業務内容は多岐にわたり、こなすべきタスクは多く、締め切りや数字に対するプレッシャーも厳しい。その分、達成感や充実感がありますし、自身の成長にもつながるのですが、少しトレーニングすれば誰でもできるような仕事ではなかったのです。

その一方で、大口顧客からの受注はもちろん、ありがたいことに次々と新しい顧客の開拓が実現できていました。ちょっと仕事ができそうな若手には、少し背伸びをしてもらう意味も込めて任せる範囲を広げたりしますが、なかなか上手くいきません。そのため、厳しいお客様からは「うちは教育機関じゃない。もっと仕事ができる担当者をつけてください」とクレームを受けることもありました。

そうなると、ディレクター（部長職）やマネジャー（管理職）など上位職の者が頑張って、自分で何とかするしかありません。その横では、せっかく仕事を任せてもらえたのに上手くこなせなかった若手社員が、モチベーションを下げています。仕事に余裕がある状態であれば、若手のメンタル面のフォローをしたり他の業務で挽回してもらったり、リカバリーの手立てを講じることができますが、忙しいとどうしても後回しになってしまいます。

すると、若手社員は自分のミスの後処理のために、上司が徹夜などをしながら必死に働く姿を見ることになります。頑張ってクライアントに食らいついて、無理難題も含めて対応しようと必死になっていても、プツリと緊張の糸が切れて「もう限界」と思うようになり、会社で上を目指すなど考えることもなく、同じように激務でももっと給料が高い会社か、もう少し理不尽ではない会社に転職しようと辞めていくのです。

その結果、管理職の負荷はさらに高まります。増え続ける業務をこなすために再び人材募集をかけますが、本質的な問題が解決していないため、新人を採っても同じことの繰り返しです。

これは筆者の部署だけでなく、当社の他の部署でも、また業界全体でも起こっていた現象でした。

## 「仕事を取れば英雄、失えば孤独」という風潮

さらに、〝売り上げ〟という数字を重視する業界の体質も問題でした。

広告業界では、大きな金額の案件を取ってきたプロジェクトマネジャーを高く評価する風潮があります。大きな仕事を取ってくれば英雄扱い、案件を失えば孤独・疎外感を覚えていたと思います。

大型案件の獲得に成功すれば、

「○○社の1000万円の仕事はAさんが取ってきた」

「今、△△社の3000万円の案件があるのは、Bさんのクリエイティブのおかげだ」

「□□社の5000万円の案件は、俺が育てた」

など、〝伝説〟として語り継がれることになります。しかし、クライアント都合などで仕事が消滅すると、評価は反転します。

こうした風潮が強くなると、プロジェクトマネジャーはクライアントからの無理な

要求を撥ねつけることができなくなります。案件を失うのが怖いからです。自身の営業成績が下がり低評価を受けることはもちろん、それ以上に、自社の衰退や倒産と密接に関連してくるため、顧客の要望を断ったことで自分の責任において取引が停止してしまうことを想定すると、要望は受け入れざるを得ない状況になります。

すると、何が起こるでしょうか。

マネジャーはクライアントからの要望に屈するようになります。その結果として、無理な仕事を、無理な納期、無理な金額で受けざるを得なくなるのです。一定の大口の規模感になると、「失うことのリスク」が頭をよぎるようになります。

この矛盾はスタッフに頑張ってもらうか、自分で何とかするしかありません。しかし、もともと無理な仕事ですから、スタッフや制作現場から「この納期では無理です」というような〝真っ当な〟苦情が上がってきます。もしくは、チーム全体に半ば諦めムードが漂い、「やるしかない」という空気に包まれます。

会社として仕事を失うわけにはいかないマネジャーは、「クライアントがどうしてもと言っているので、やるしかない」となります。マネジャー自身は、顧客の要望を受け入れることで部下の雇用を守っている感覚になっているのですが、メンバーが見る視点はまた異なります。こうして、優秀な社員や現場は次第に疲弊していきます。

クライアントからの〝無理なお願い〟は、1回限りであれば大きな問題ではないでしょう。ところが、無理なお願いに対して融通を利かせたことがクライアントから褒められ、成功体験や実績になってしまった時が、危ないのです。

なぜなら、会社のブラック化がさらに加速していくことになるからです。

## 「無理なお願いを乗り越えた成功体験」が足枷に

成功体験や実績を持ったマネジャーは、若手社員にこう伝えます。

「あの仕事は、簡単に取れたわけじゃない。こういう苦労があって、徹夜もして、そのうえに成り立った成功なんだ。だから、君たちも頑張れ」

また、業界の中にはごく少数ながら、〝昭和的〟な古い考え方の人たちもいます。キャパシティ・オーバーな若手社員に対して、「仕事というのは大変なんだ。『キャパオーバー』と言う前にもう少し頑張ってみろ！」と、叱咤するような方々です。彼らとしては、若手に意地悪をしているつもりなど全くないでしょう。これは単純に、自身の成功体験をもとに激励しているだけです。「自分のように、仕事を通して成長してほしい」と思っているだけなのです。

しかし、当然のことながら、若手はそのように受け取ってくれません。こんな職場環境では、若手が辞めてしまうのも当然でしょう。仮に、このような上司の在り方が是認されると、社内にはさらに大きな障害が発生します。経営自体が、それを前提としたものに変質するのです。

管理職や活躍しているメンバーは、「会社を倒産させない、成長させるために踏ん張って頑張っている」のですが、その輪に入れなかった仕事がそこそこできる社員には、生き残っていくことが難しい環境がしばらく続きます。すると、「マネジャーがクライアントの要望を受けることには何ら間違いはなく、職務を果たせなかった若手社員が職務遂行に課題がある者」となります。

過酷な労働環境は「それが当たり前の業界だ。俺たちはこうやって実力をつけてき

**図表1-1　なぜ会社はブラック化するのか〈広告業界の例〉**

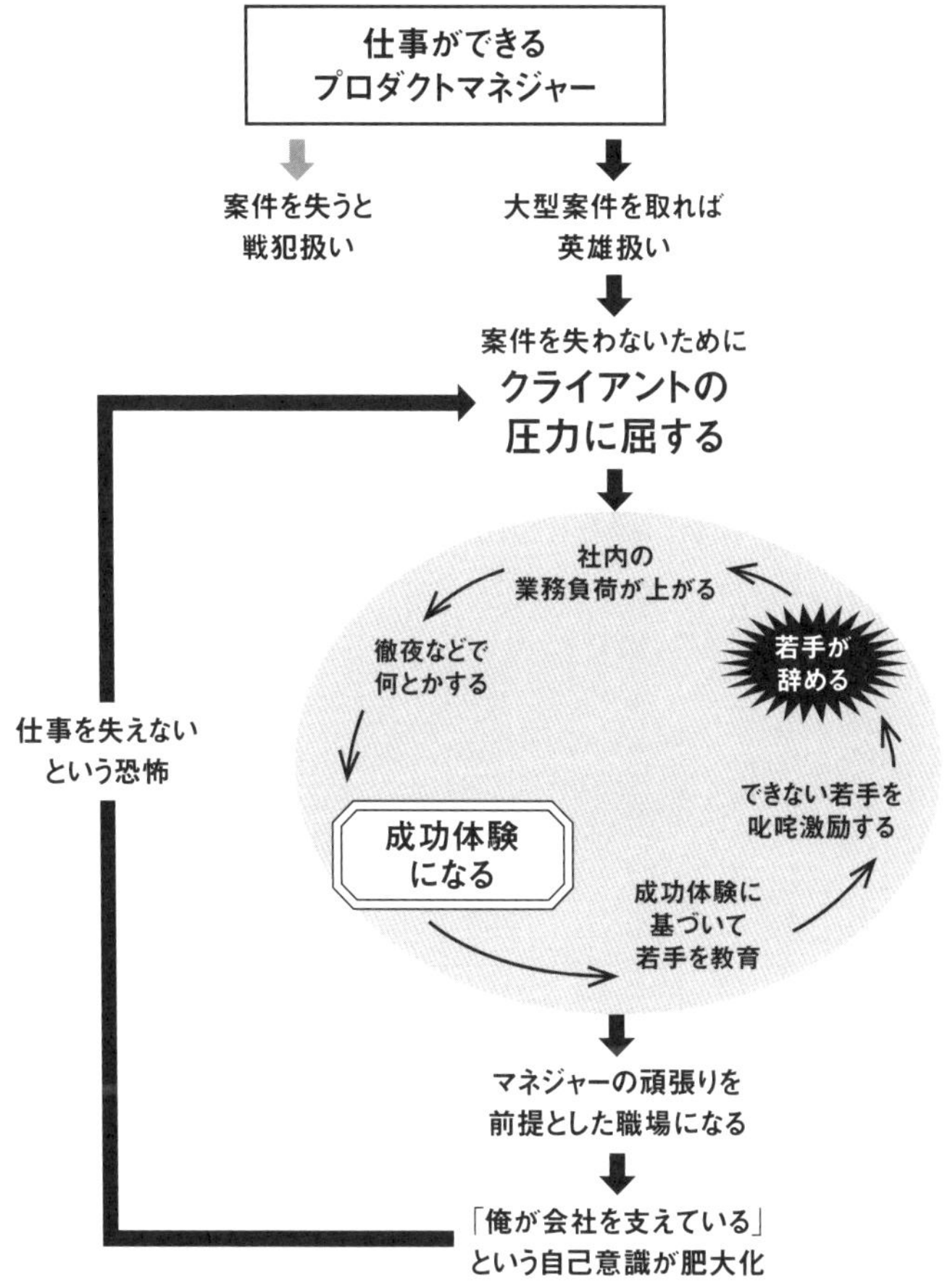


管理職が顧客の圧力に屈するようになると「ブラック企業化の負のサイクル」が始まる。管理職は自分の頑張りでタスクをこなすが、それにより、さらに顧客からの圧力を跳ね返しづらくなり、ブラック化のサイクルが加速していくことになる。

た」と正当化され、クライアントからの無理な要求は「そういう仕事だ。みんなそうやって頑張っている」と、社員や現場に押し付けられていきます。

数字という成功体験や実績を得たマネジャーには「俺が会社を支えている」という意識が生まれ、同時により一層「もし案件を失ったら」という恐怖に苛まれることになります。クライアントに逆らえなくなる悪循環は、こうして加速していくのです。

案件は増えるもののマンパワーが足りず、人を採用しても定着しないため現場が疲弊し、やがてマネジャー自身も擦り減っていく――。これが、広告業界でよく起こる「ブラック企業化の負のサイクル」です（図表1−1）。

## 現場が荒れると、会社の人間関係も荒れる

当時は、メディアなどで「ブラック企業」という言葉が流行り始めた時期でもありました。社会全体として、働き方や労働環境を見直そうという風潮が生まれていました。「ブラック企業の定義」というのは今も難しいと思いますが、仮に、

●労働時間が長く、ノルマが厳しい
●その一方で、残業代は支払われない
●パワハラなどが横行し、コンプライアンス意識が低い

とした場合、2010年前後の当社は、残念なことにすべてが当てはまりました。毎年、大量に社員が辞めていきました。裏を返せば、それだけ人が採れていたということでもあります。人気が高い花形業種であったため、工夫をせずとも人が集まったのです。

当社への転職希望者がいなくて困ったことがない――。そうした環境も、もしかしたらブラック化を助長していたかもしれません。

実力をつけた社員が大手広告代理店に「現在の年俸＋100万円」で引き抜かれるということも多かったですし、逆に大手から転職してくる経験者も多数いました。正確には数えてないのですが、毎年10人、20人単位で入れ替わっていた印象です。

実はこの時期、筆者自身も転職を考えるようになっていました。緊張の糸が切れたのか、経営と社員の板挟みにもなり、誰のためにこんなに必死になっているのか分か

らなくなってきたタイミングでした。

それぞれのマネジャーは、自分のクライアントと部下、スタッフを抱え込み、自分の部署や領域に対する他者の介入を拒み始めていました。「結果が出ているんだから、いいじゃないか。プロセスに口出ししないでほしい」と語り、業務の属人化が加速していたのです。業務で得た知識や過去の事例、クライアントごとの特性や対策、失敗から得られた教訓や法則、問題解決の手法やコツといったナレッジ（情報や知識）が共有されることは、ほとんどありませんでした。会社としての統制はなく、社内の連携や協力は最低限で、単に「優秀な個人事業主が集まっただけの組織」になってしまいました。

また、現場が荒れたことで、社内に不和が生まれていたのも問題でした。管理職は互いをライバル視し、大きな案件を取ってきた人に対して称賛しながらも、どこか自分以外の組織には無関心な空気が蔓延していました。

## ベンチャー企業から打診された部長のポスト

「なぜこんなことになってしまったのか。入社してちょうど10年目だし、転職するのにも区切りがいいかもしれない……」

そうぼんやりと考えながら、あるベンチャー企業に履歴書を送ってみました。すると、「新規事業を立ち上げるから、来てもらえないか」というお誘いをいただきました。新しいことができそうだという気持ちになり、転職の話はとんとん拍子で進んでいきます。

そしてほぼ内定となった時に会社に転職の意向を伝えたところ、社内で尊敬していた方が「もったいない」と止めてくださったのです。

「今、この会社に残れば、経営に携わる道筋がある。経営陣に加って、初めて見えてくる景色というものがある。新しい会社に行けば経営に携われるようになるまで時間がかかる」

その方は、当時60歳過ぎでした。30も歳の離れた先輩で、筆者のメンターとも言っていい方でした。駆け出しの頃から、仕事に対する考え方や向き合い方、社内外問わず人への接し方など、多くのことを教えてくださいました。今も1～2カ月に1回程度お会いして、様々なことをご相談しています。そんな人物の言葉でしたから、筆者には効きました。

「もういいや」と落ちていたモチベーションがにわかに回復し、「もうしばらくやってみよう」と考え直したのです。ポストを用意してくださっていたベンチャー企業には大変に申し訳なかったのですが、内定を辞退し会社に残ることにしました。その後、この尊敬する方の推薦もあって、2014年に筆者は役員に就任することになります。32歳の時でした。

## 経験豊富なお二人から学んだ帝王学

前述のメンターとも言える方のアドバイスに従って会社に残り、役員になって良かったのは、「会社経営とは何か」「株主との関係性をどのように考えればいいか」「役員同士はどういうことを考え、どういう思惑を持っているのか」を実地で学ぶことができたことです。

彼自身も前職では、創業者や株主、役員同士が揉める中、板挟みに遭い、調整役を担っていたそうです。そのような体験談を聞きながら、現実の経営問題に対処していく経験は、大変勉強になりました。

また、同じ役員の中に岡崎眞さんがいらっしゃったのも、非常に幸運でした。彼はソフトバンクの出身で、同社のメディア事業に携わり、孫正義さんとずっと一緒に働いてきた方です。

筆者が役員になったあとも折に触れて目をかけていただき、役員会が終わったあとに飲みに連れて行ってくださいました。そこで孫さんのエピソードや、経営に対する考え方などを伺うことができたのです。

今でも強烈に覚えている彼の教えは、「用意された器に甘んじてはいけない」ということ。役職には一定の権力が備わっていて、その立場についた者は権力を自由に振るうことができる。しかしそれを適正に使えると見込まれたからこそ、その立場に据えられたのであって、「君自身が突然偉くなったのではない。いろいろできるようになったからと言って、権力を濫用するな」という教えです。

これは今も、筆者の心に深く刻まれています。

メンターの方や岡崎さんに教えてもらいながら、役員として経営を経験できたのは、今の筆者を形作る礎の1つです。そういう意味でも、転職をしなくて本当に良かったと思っています。

## セクショナリズムの壁をなくし、社員が定着する会社になるために

その後も経営自体は順調でした。取引先は大手のクライアントが順調に増え、年間の売り上げは30億円前後。社員も50人ほどに増えていました。

しかしながら、社内のセクショナリズムは着実に進行していました。ほとんどすべての業務が属人化し、誰がどんな仕事に携わっているのか、完全に不透明な状態でした。社内は連携に欠け、自分の部署や業務以外には興味を持ちづらい環境になってい

**図表1-2 アドフレックスの売り上げ推移と主な出来事**

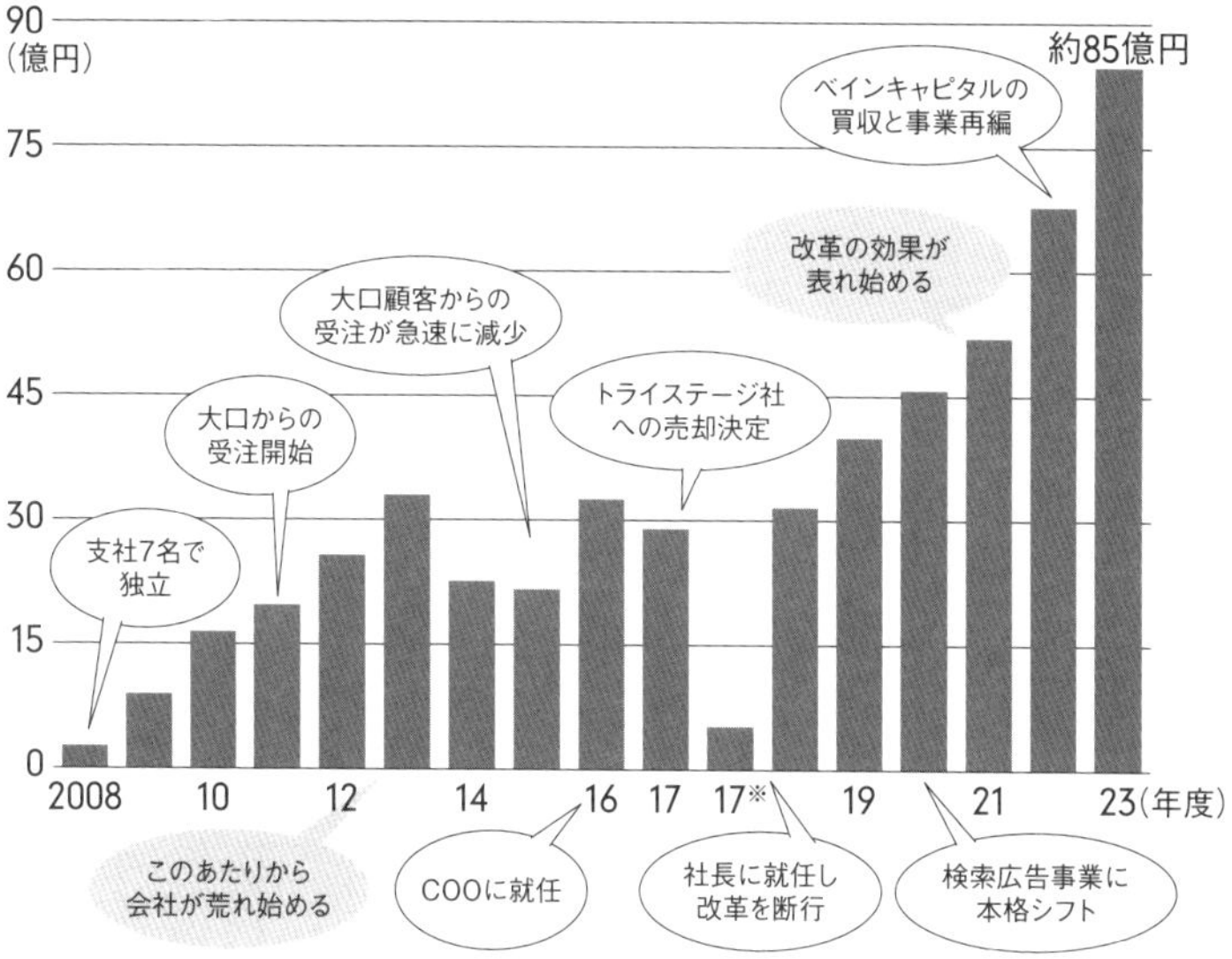


※決算期変更のため2カ月決算

たのです。

そして会社は、求心力を失っていました。部門長会議で改革を提案しても反応が薄かったことをよく覚えています。何を提案しても、「いいんじゃないでしょうか（うちの部署は関係ないから）」とか「いいと思います（お好きにどうぞ）」といった反応でした。

そこで、COO（最高執行責任者）に就任して最初に着手したのが人事制度改革でした。役員時代からずっと気になっていたのが、人材の定着率の低さだったからです。2013年頃から新卒採用も始めましたが、中途採用以上に定着率が低いままでした。20代がどんどん辞めていく状況で、1年在籍したらもう古株扱いという感じでした。

何よりまず社員を定着させること。採っても辞める現象を何とか食い止める必要があると考えました。そこで、2016年12月に、翌年の年明けから実行する改革案を全社に向けて発表しました。

まずは、社内の働き方改革です。職種を「ワーク型」と「ライフ型」の2つに分け、社員自身に選んでもらいました。時間に関係なく仕事に没頭したい人は「ワーク型」、時間短縮で働きたい人は「ライフ型」といった感じです。

評価基準も360度評価に変えました。仕事ぶりや貢献度を上司や同僚がどう評価するかで、人事査定を決めることにしたのです。

給与制度も、具体的な金額も含めて全社に公開しました。ワーク型は成果報酬で、ライフ型は半年ごとに5000円ずつ定期昇給する代わりに30万円で昇給がストップ。パフォーマンスに応じたインセンティブも、ビジネスユニットごとにどう分配するか、個人にどんな比率で分けるかもすべて公表しました。

また、家賃の一部を会社で負担する「家賃補助制度」も導入しました。会社の立地が浜松町であるため近隣の地価が高く、若手社員にとっては毎月の家賃が大きな負担になっていました。しかし郊外に住めば通勤時間が長くなり、満員電車のストレスもあり、ワークライフバランスに影響が及びます。そこで距離に応じた補助金を設定し、入社3年目までという期限を設けたうえで、家賃の一部を支給することにしたのです。新入社員の中には、入社1年目で住まいが港区の麻布十番という人もいて、個人的にはちょっと羨ましく思ったのを覚えています。現在、家賃補助制度は最大8年目まで受けることができる制度に育っており、社員の在籍率や採用にも大きく貢献していると考えています。

社内の人間関係を良くするために、「サンクスカード」という制度も取り入れました。共有スペースにコルクボードを置いて、仕事を手伝ってくれた仲間や情報を提供してくれた人、活躍した社員に、「ありがとう」という言葉とともにメッセージを張ってもらうことにしました。筆者たちの世代は特にそうなのですが、社会人になると感謝することが極端に少なくなります。「頑張って当たり前」「手伝って当たり前」「成果を出して当たり前」という考えです。しかし、人間はいくつになっても、感謝したり感謝されたりすると嬉しいものです。そういうことが自然にできる会社にしたいという思いもあり、感謝の気持ちや称賛を表せる環境を整え、かつ社員全員に見えるようにしました。

他にも、毎月最も頑張った人を表彰するＭＶＰ制度を導入し、受賞者の席には顕彰のためのバルーンを飾ったりもしました。

## 「甘やかすな」という非難、そして「良い取り組み」という声

一連の改革には副次作用もありました。「仕事というものは、もっとストイックなもの」「こんなゆるい会社ではダメ」「若手の承認欲求を満たすより、もっと大事なことがある」――。様々な非難の噴出です。

インセンティブの公開も「１年目の○○がいくらで、俺がこれだけしかもらえない

のは納得がいかない」と抗議され、家賃補助に関しては「持ち家の自分はどうなるんですか」などと様々な意見が上がりました。働き方改革も成功はしませんでした。ワーク型とライフ型の区分けも、過酷な業務で疲れてしまった社員が続々とライフ型を選択するようになり、同制度は撤廃に追い込まれます。

一方で、こうした改革を支持してくれる社員も少なからずいました。「給与体系が分かりやすくなって良かった」「誰がどんなふうに頑張っているのか分かるようになった」「良い取り組みだと思う」――。そんな声も徐々に聞こえるようになってきたのです。

この時に導入した制度は、現在も続いているものがたくさんあります。詳しくは第5章で解説しますが、「サンクスカード」はデジタル化して継続しています。月に1度のMVPの表彰はバルーンだけでなく副賞も付くようになりました。一部の社員の目には「本質的な問題を無視して、瑣末なことをしている」と映ったかもしれません。

2016年の改革は、すべてが上手くいったとは言えません。しかしながら、筆者は一定の手応えを感じていました。

## 会社を変えるには、抜本的な改革が必要かもしれない

この改革への社内の反発と受容は、おおまかに言って半々といった感じでした。問題の本質はやはり、次の2点にあると実感したのです。

●各事業部が分断し、既得権益化されていること

●情報や業務について共有がなされず属人化されていること

同時に、経営的な課題として、将来の安定的な受注が読めないことも問題だと感じていました。「来月、突然仕事がなくなるかもしれない」という恐怖は、現場マネジャーの経験から、筆者もよく分かります。

経営サイドから見ると、ある程度の確度で将来の売り上げを見込める状態にしないと、中長期的な経営計画を立てられません。そのため、経営指針がどうしても行き当たりばったりになり、マネジャーに伝える目標やタスクも曖昧になってしまいます。

その状態を解消するためには、一定の数字を一定期間見込める増減リスクの少ない広告分野に進出するなど「ビジネス領域の転換」を行わなければなりません。しかし、

それを実現するためには、社内に横行するセクショナリズムがどうしても邪魔になります。

会社とはどうあるべきか。そのためにどのような組織を作っていくべきか――。筆者は次第に、根源的なことを具体的に考えるようになっていきました。

社内のナレッジはできる限り公開し、共有できるようにしてセクショナリズムの芽を摘み取っていかなければならない。そのうえで、会社や仕事を自分事として捉え、主体的に力を発揮する組織を目指すべきだ。それには、経営層と社員、管理職と社員、社員と社員のみんながお互いにフェアな関係になる必要がある。そういう組織を目指そう。本来、会社とはそうあるべきだ。そのためにはビジネス構造を抜本的に見直し、会社組織を徹底的に改革しなければならない。

２０１６年末に行った改革での成功と失敗を踏まえて、筆者はこう考えるようになっていました。そして２０１７年春、当社は大転換期を迎えることになります。株式会社トライステージへの売却が決定したのです。

# 第2章

# 新たなビジネスモデルと「業務の可視化」

## トライステージへの売却

株式会社トライステージは、テレビのCMや通販番組を得意とするダイレクトマーケティングの会社です。この「ダイレクトマーケティング」とは、広告やダイレクトメール、電話営業などを通じて消費者ニーズや購買動向を把握し、具体的な消費者情報をもとに販売促進や広告活動を行うマーケティング手法です。

トライステージはこの分野では実績も優位性も十分でしたが、デジタル分野については、まだそこまでの強みを発揮できずにいました。そこで当社と連携することで、マーケットとして著しい発展を遂げているデジタル広告の分野に注力していこうと考えたのです。

トライステージへの売却が決まった時、役員の退任も決まりました。もちろん筆者にも、辞任するという選択肢がありました。実際、何人かの知人や友人に「辞めないの？」と聞かれました。しかし、この時は明確に、筆者の中に辞めるという考えはありませんでした。

1つは、COOの筆者まで辞めてしまうと役員全員が退任となり〝身売り〟に見えてしまうと思ったからです。トライステージとの連携は、あくまでも双方の利害が一致したから実現したものです。もし「買収したあと経営陣を全員クビにした」というふうに見られてしまったら、それは事実と異なります。そのように見えることは両社のためにも避けたかったのです。

もう1つは、筆者自身に心残りがあったからです。「これまで一緒にやってきた部下や仲間たちはどうなるのか。大丈夫だろうか」という気持ちです。筆者が採用した社員も数多くいましたし、このまま立ち去ることに対して、どこか後ろめたい気持ちもありました。

幸いにして、トライステージとは、筆者が残るという方向で合意に至りました。結局、筆者が代表取締役となり、他の取締役は退任し、トライステージ側から3名の取締役を迎える形に決まりました。トライステージの方が取締役として来られたのは、いわゆるPMI（ポスト・マージャー・インテグレーション）の一環でした。

ここから、筆者の根源的な改革が始まります。

## 新しいビジネス領域を求めて

前章でも述べた通り、会社の問題として気になっていたのは2点です。

1つは、ディスプレイ広告領域の収益が大きく、安定的な利益が見込めないこと。そのため、中長期的な経営計画を立てづらいこと。もう1つは、業績の停滞感などもあり社内の風通しが悪くなっていたこと。会社が徐々に荒れていくという問題です。

まずは、ビジネス領域を転換するところから始めようと考えました。安定的な利益を得ることによって、2つの問題が解決すると考えたためです。

しかし、実際には簡単なことではありません。

目の前にあるのは、「人を採用してもすぐに辞めていくので、マンパワーが足りない」という現実です。どの部門も日々の業務で手一杯。新事業を起こす余力などあるわけがありません。そもそも、新たに就任した代表取締役がいきなり「新しいビジネスモデルを探したい。安定的な利益を目指そう」と宣言したところで、社内に深く根付いた先入観は覆せないと考えました。

そこで、まずは代表直轄の小さなプロジェクトチームから始めることにしました。ちょうどこの頃、若手人材が6名ほどいました。彼らを率いて、プロジェクトチームの中で新規顧客を獲得できるアイデアを議論し、実行してみました。そこで出てきたのが、定額制のビジネスモデルで、「月額7万円の定額料金を支払えば、広告バナーなどいくらでも作り放題、無制限に制作します」というサービスです。もし1カ月で10社の発注を取ることができれば毎月70万円、1年間で1000万円弱になるという計算でした。

最初は小さくてもどんどん大きくしていけばいい。小さな制作を足がかりに、大きな仕事につなげることもできるし、ゆくゆくは（のちにサブスクリプションと呼ばれるような）定期収入を見込めるビジネスモデルになるのではないか――。そんな仮説を立てていました。

## 他部署から酷評されても、楽しそうに働くチーム

サービス名を「クリオネ」と命名し、若手人材6名を全員営業として事業を開始しました。ちなみにこのサービス名は、「クリエイティブ」を「お願い」の造語です。

結論から言うと、完全に大失敗——。全く売れませんでした。今考えると、事業としてはかなり組み立てが甘いと言わざるを得ません。当時はサブスクのモデルがまだそこまで一般的ではなかったですし、受け皿となる制作チームもマンパワー的に脆弱でした。そもそもこうした安価なビジネスモデルは、チャーンレート（解約率）などから考えても、ユーザー側からアプローチしてもらう「プル型」にしなければいけません。ゼロから営業を仕掛けていく「プッシュ型」では、コストパフォーマンス的に全く合わないのです。もし今、社内の人間からこの事業を提案されたら、筆者は再考を促すでしょう。しかしこの当時の筆者は、安定的な利益が見込める事業モデルがほしいあまりに、「まずは試してみるしかない」と必死だったのです。

一方で、6名の若手社員たちは、非常に楽しそうに仕事をしていました。代表直轄

プロジェクトで、やりがいを感じていたというのもあるでしょう。社内では少し異質な、キラキラした感じがありました。そういう側面も、既存事業チームの神経を逆撫でしたのかもしれません。

この6名はなぜ楽しそうに働くことができたのでしょうか。それは、チーム内でのナレッジ共有が功を奏したからだと考えています。プロジェクト発足当時から6名には、「仕事で得たナレッジは、逐一みんなで共有していこう。いろいろ大変なことがあるかもしれないけど、みんなで力を合わせて乗り越えるチームにしていこう」と伝えていました。個々人が孤立した状態で頑張るのではなく、チームとして成果を上げていく。かつて筆者が感じた楽しさを思い出した瞬間でした。このチームは筆者が大規模なビジネスモデルの転換を行った際、中核メンバーとして活躍してくれるのですが、それはもう少しあとの話です。

新しいビジネスモデルの創出はいきなりつまずいてしまいましたが、やり方次第では楽しく仕事ができるチームを作ることができる――。それを再確認できたのは、大きな一歩でした。

しかしこのあと、筆者は人生最大の危機を迎えることになります。

## M&A直後の減収減益とのれん代の減損

2017年度決算の数字が出ると、大幅な減益でした。創業以来、会社の売り上げを支えてきた大口顧客の仕事は、2015年頃から少しずつ縮小傾向にありました。この頃になると売り上げの比率は、他の新たに獲得したクライアントのほうが大きくなっていたのですが、こちらの数字も伸び悩んでしまったのです。

当社の売り上げが大きく伸びたのは、メーカー系サプリメントの流行がきっかけでした。その波に乗って業務拡大をしていったのですが、ふと気がつくと、社内の事業ポートフォリオはいつの間にか、同じ業界の似たような商材ばかりになっていたのです。この頃、サプリメントや健康食品の大ブームが一巡し、ウェブ上で大々的に広告を展開するという流れも収まりつつありました。当社の売り上げは伸び悩み、営業利益はみるみる縮小していき、あっという間に減益に転落しました。

翌2018年度はさらに深刻でした。立て直しを図ったものの上手くいかず、今度は利益だけでなく売り上げも減少していきます。最終的に減収減益となりました。筆者は、トライステージが見込んだ収益を達成できなかったのです。

結果、親会社のトライステージに「のれん代の減損」を強いる形になってしまいました。「のれん代」とは、企業が保有する人材やブランド価値、信用力、取引先との関係などの無形資産のこと。企業買収後にのれん代を減損することは、一般的にはM&Aの失敗を意味します。当然ながら、トライステージの株価にも影響を与えました。トライステージの経営陣は「こんなはずじゃなかった」と忸怩たる思いだったことでしょう。「進退を考えないと」。そう思いました。

トライステージが当社にどれだけ期待をしていたかは、当時のIR資料を見るとよく分かります。大々的に、「海外事業から撤退し、国内のデジタル分野を伸ばしていく」と発表していたのです。それにもかかわらず、デジタル事業の中心となるべき当社が、全く期待に応えられていない。これまでに感じたことのないプレッシャーに押し潰されそうになっていました。

そして2020年には、新型コロナウイルス感染症のパンデミックが起こりました。人々の働き方や社会の在り方は一変し、多くの事業活動が一時停止を余儀なくされました。「この先どうなるのだろう」という不安だけが世界を覆っていたあの時です。当社も筆者も全く同じ心境でした。

結局、コロナ禍の2年間、当社も他社と同じようにダメージを被り、創業以来、初めての赤字を計上しました。筆者は自分のことを比較的、楽天的な性格だと思っていますが、この時ばかりは頭が真っ白になって、社員と面談していても話が全く頭に入ってきませんでした。当時を知る役員たちに話を聞くと、「あの頃はおかしかった」「心ここにあらず、という様子だった」と、今でも言われます。

## 可能性を見出していた新事業

それでも何とか立ち直ることができたのは、「検索連動型広告（SEM）」という新事業の構想があったからでした。これは、最初の減収減益を迎えた2018年頃から抱き始めた構想でした。のれん代が減損した時も、コロナ禍の時も、頭の片隅に「何とかして、この事業をものにしたい」という思いがあり、筆者を支えていました。

ＳＥＭとは「Search Engine Marketing」の略語で、日本語で「検索エンジンマーケティング」と訳されます。グーグルやヤフーなどの検索エンジンから、自社のウェブサイトやランディングページ（ＬＰ）への訪問者を増やすため、ＡＩ（人工知能）などの最先端技術を駆使しながら行う最先端のマーケティング施策のことです。

リスティング広告の入札・予算を独自のアルゴリズムにより最適化するもので、アメリカのベンチャー企業と契約を結び、このＳＥＭを補完するツールを日本に輸入、サービス展開を始めることにしました。

幸いだったのは、この取り組みについてトライステージ側からの理解を得られたことでした。ＳＥＭ事業の可能性について丁寧に説明したところ、「だったら、踏み込んでやるべきだ。初年度は赤字でも構わない。ちゃんと投資をして収益化を目指しましょう」と賛成が得られたのです。そこから一緒に事業プランを作ったり、監査法人に説明に出向いたりしました。結局、初年度に2億円ほどの投資を行いました。この年度に当社は創業以来初めての赤字を計上しますが、この時の赤字覚悟の投資がなければ、今の当社はなかったかもしれません。

## ディスプレイ広告と検索連動型広告の違い

ここで「既存のデジタル広告」と「検索連動型広告（ＳＥＭ）」の違いについて、少し説明をさせてください。筆者がここで言う〝既存のデジタル広告〟とは、いわゆる「ディスプレイ広告」を指します。当社は創業以来、このディスプレイ広告を得意としてきました。

ディスプレイ広告とは、簡単に言うと「テキストや画像といった多彩なフォーマットで広告を配信する手法」のことです。「Ｙａｈｏｏ！ニュース」など、ウェブサイトやアプリ内で表示される広告で、クリックすると事前に設置された自社サイトや製品紹介ページなどに遷移される仕組みになっています。広告主はあらかじめターゲティング設定を行い、該当するユーザーに向けて配信していきます。

例えば「都内に住む30代の男性」と設定すれば、女性や地方在住の方、20代のユーザーには表示されません。

ディスプレイ広告の主な特徴は、「画像で視覚的に訴求できる」「広告を配信する〝人〟と〝面〟をターゲティングできる」「多くのユーザーにアプローチできる」ことです。潜在的ユーザーの興味や関心を喚起することを得意とするため、印象的なデザインや画像、ユーザーの興味を引き出すキャッチフレーズ、パッと見た時に記憶に残りやすい視覚効果などのクリエイティブが非常に重要になります。このクリエイティブによって効果が左右されると言ってもいいでしょう。

ディスプレイ広告は潜在顧客にアプローチする手法であるため、クリック率やコンバージョン率（実際に商品を購入したり、申し込んだりした人の割合）といった数値は低くなりがちですが、印象的なクリエイティブが消費者に上手くヒットした場合、大きな宣伝効果が見込めます。代理店側もヒットすれば大きな収入を期待できます。

一方の検索連動型広告とは、「Search Engine Marketing」という名前が示す通り、サーチエンジンを活用したマーケティング手法です。これには大きく「ＳＥＯ」と

「リスティング広告」の2種類があります。

ＳＥＯとは「Search Engine Optimization」の略語で、日本語で「検索エンジン最適化」と訳されます。グーグルやヤフーをはじめとした検索エンジンの検索結果画面で、上位に表示されることを狙う施策を指します。具体的には記事の表現ワーディング（単語選び）や図解などの表現方法に工夫を凝らし、より検索されやすく、より上位に表示されることを目指します。

２０２０年にアメリカのSISTRIX（システリックス）社が行った調査によると、検索画面では上位に表示されるほど、よりクリックされる確率が高まることが分かっています。同調査によれば、１位のクリック率は28・５％で、２位は15・７％、３位は11％で、10位になるとわずか２・５％まで落ち込みます。そのため、より多くの潜在顧客にアプローチするために、たくさんの企業がＳＥＯ対策に取り組んでいます。

もう１つの「リスティング広告」とは、グーグルやヤフーなどで検索した際、画面の最上部や右側に表示される有料広告のこと。検索結果画面では、ＵＲＬの前に「広告」や「スポンサー」といった文言と一緒に表示されます。自社製品やサービスに興味を持った顕在顧客に効果的にアプローチできる手法で、SEOより成約率が高く、売り上げアップや新規リードの創出に向いています。費用は、広告が1回クリックされるごとに費用が発生します。例えば、クリック単価100円で広告が200回クリックされたとすると、金額は200回×100円で合計2万円となります。

リスティング広告は「検索連動型広告」と和訳されることがありますが、厳密には検索連動型広告はリスティング広告の一部です。しかし今では、リスティング広告＝検索連動型広告と考えられることがほとんどのため、ここでは検索連動型広告として扱っています（**図表2－1**）。

SEMにおいて、制作物に関するクリエイティブは、バナー広告に比べるとそこまで必要とされず、むしろグーグルやヤフーなどサーチエンジンに関する知識などが重視されます。メインターゲットも「商品やサービスを耳にしたことがある」「ある程度知っていて興味を持っている」という顕在顧客層になります。一方で、ディスプレイ広告とは異なり、1媒体1社でしか担当できないため、仮に当社が請け負う際には、他社から当社に移管してもらう必要があり、顧客にスイッチングコストや心理的負荷

**図表2-1** ディスプレイ広告とリスティング広告の違い

| | ディスプレイ広告 | リスティング広告 |
|---|---|---|
| 目的と手法 | クリエイティブを活かし、目的のサイトに遷移させる | 検索エンジンの上位に表示させ目的のサイトに遷移させる |
| アプローチ層 | 潜在層 | 顕在層 |
| 配信場所 | ウェブサイトやアプリの広告枠 | 検索結果画面 |
| フォーマット | テキストや画像、動画など | テキスト主体 |
| クリエイティブ | 印象に残る画像やキャッチフレーズが必要 | 特に必要なし |
| 運用の手間 | バナーなどの使い回し、更新は比較的容易 | 検索アルゴリズムへの対応など専門知識が必須 |
| クリック率やコンバージョン率 | 低くなりがち | ワーディングに成功すればかなりの効果を見込める |
| 単価 | 安め | 高め |
| 分析や解析 | 比較的、難しい | 比較的、容易 |
| リターゲティング | 最適 | あまり向かない |

がかかるという側面もあります。

この新事業を本格的に展開するにあたり、社内のディレクター陣に相談をしました。しかしと言うべきか、やはりと言うべきか、一部の反応は芳しくありませんでした。それもあって、以前「クリオネ」の立ち上げに携わってくれた6名の社員をそのまま起用することにしました。最初はトラブル続きでした。というのも、筆者を含めて誰もSEMを競合企業に勝てるレベルまで手掛けた経験がないのです。上手く表示されないなどの問題が発生しても手際よく対応できず、お客様が「もう結構です」と離れていくことが、たびたび起こっていました。

また、トラブルが発生しクレームが入ったものの、別のお客様との商談中であったためすぐに対応できず、アカウント契約を解消されてしまったケースもありました。

しかし、トラブル続きの中でも筆者自身は、いろいろなお客様と面談を重ねながら、「これはいける。大きなニーズがある」と手応えを感じていました。

## 海外展示会で感じたブルーオーシャンとしての可能性

さらに、海外市場と日本市場のギャップも大きな商機になり得ると思っていました。当時、日本市場でのSEMツールは2つか3つ程度でした。しかし海外の展示会に行くと、ざっとその10倍は種類があるのです。

ところが海外の事業者は、日本市場への進出に対して、それほど積極的ではありませんでした。理由は、日本の広告市場は「大手広告代理店が強い」「日本企業は意思決定が遅い」「そもそも日本語のハードルが高すぎる」など様々。しかし、こういった点にも、まだ人の手があまり入っていないブルーオーシャンとしての可能性を感じていました。

この頃から、海外の展示会やシリコンバレーの企業を積極的に訪問するようになりました。特にイスラエルとリスボン、シリコンバレー、シンガポールの4カ所で行われる海外展示会へはコロナ以前は毎回視察に行っていました。当時のテクノロジー業界では、イスラエルで生まれたサービスがニューヨークやシリコンバレーに渡り、シンガポールを中心にアジア展開されるという流れがありました。そのラインを押さえておけば、最新の動向が把握できると思ったのです。

海外市場を調査する過程で、当社はシリコンバレーに拠点を構えるOptmyzr（オプティマイザー）社とパートナー契約を結ぶことになりました。同社は世界85カ国8万社超（当時）にビジネスを展開する、業界最先端の技術と実績を誇る企業です。

最初にシアトルのイベントで打診した時は、やんわりと断られたのですが、何度も諦めずにお会いするうちに情熱を買っていただけました。

## マーケティング・コンサルティングvs.マーケティングAI

SEM事業を開始してしばらくすると、少しずつ売り上げが伸びていきました。それと当時に、社内で新たな問題が発生し、組織が徐々に2つに割れ始めていました。それは、「マーケティング・コンサルティングとマーケティングAIのどちらを重視するか」というものです。

マーケティング・コンサルティング重視派の言い分は明快でした。「広告代理店の仕事とは、お客様のビジネスを成功させるために、顕在的・潜在的要求をすべて吸い上げて、それらの問題を解決していくことに価値がある」というもの。当社の優位性は、マーケティング・コンサルタントという〝人〟であり、「これまで通り、従来のビジネスを継続していくほうがよい」とする意見です。

一方、マーケティングAI推進派の主張は、「AIのトレンドに乗り、1つのプロダクトを用いて、特定領域で大手広告代理店に勝てる仕事を進めたい。なにより属人的な業務を強みにするのではなく、客観的に選ばれる理由がある事業を推進したい」というもの。つまり、「特定広告領域に特化した挑戦をすべきだ」という意見です。マーケティング・コンサルタントを主体とした従来通りのビジネスで行くか、それともマーケティングAIを主軸に新しいビジネスを展開するか——。

どちらかが正しく、どちらかが間違っているというわけではありません。あくまで方向性の違いです。両者の思想は真逆に存在します。マーケットインとプロダクトアウトと同様に、顧客の課題を見つけ解消していくことを目的としたマーケティング・

コンサルティングと1つのサービスを特定し顧客に提供していくマーケティングＡＩでは、考え方がまるで異なります。従来の広告会社のイメージはマーケティング・コンサルティングの考え方のほうが一般的であり、筆者も十数年その考え方で仕事をしてきたので賛同できる部分が多分にありました。一方で属人的で再現性が得られない事業を今のまま成長させる限界も感じており、既存事業への配慮と新領域への挑戦とのバランスのとり方には苦労しました。

一般的にも〝30億円の壁〟と言われていますが、それは広告業界にも当時の弊社にも当てはまりました。中堅以下の代理店では売り上げ30億円で頭打ちとなり、それ以上は組織を変えることや競合優位性を明確に作ることなどをせずして成長することができないと言われています。そして何より重要なのは、経営者のマインドや打ち手を変える強い意志が必要なこと。今当時を振り返ってそう思います。

実際、当社も売り上げが30億円に達した頃から、分厚い壁に遮られたように成長が鈍化していました。なぜ30億円なのか、筆者にもその理由はよく分かりません。個人事業主の集まりの会社が迎える限界なのか、とも筆者は考えています。そうした会社では、社内でナレッジや勝ちパターンといった無形財産を組織として面で強みに変えていくという流れができていないと、優秀な個人のキャパシティがそのまま会社のキャパシティになってしまうのかもしれません。

結局、既存事業を守りながらも、新規事業のマーケティングAIを強く推し進めることになりました。何人かの社員は、「ウェブ全体の業務をやりたくてこの業界に入ったのであって、SEMだけをやるためじゃない」「クリエイティブが好きでこの仕事を始めた。そういうオペレーション主体の業務には向いていない」「方針も、やり方も違う」という思いで、当社が創業した時のように、部門ごと独立することになりました。しかし、会社として30億円の壁を突破するブレイクスルーを果たすためには、やむを得ない決断だと思ったのです。

## 業界の通例に反して「広告費を抑える」戦略にシフト

結論から言うと、この事業転換は大成功でした。コロナ禍でいったん赤字を計上したものの、2021年度から売り上げは大きく上昇。同年度に51億円に達し、22年度は67億円、23年度は84億円を突破しました。創業当初は4％程度だった営業利益率も7・5％まで上昇。社員の給料を上げることもできるようになりました。

なぜ、ここまで高い評価を受けられるようになったのでしょうか。

1つには、業界の通例に反して〝なるべく広告費を抑える〟という方向に舵を切ったことがあると思います。これまでの広告業界では、水面下で、「できれば広告費を抑えたい、効率よく使いたい」という企業側と、「できれば広告費をたくさん使ってもらいたい」とする広告代理店という、一部相反する関係のもとでビジネスが成立しています。当社も当初はその中にいたのですが、前述したオプティマイザー社が提供するツール「Optmyzr（オプティマイザー）」を活用することによって、事業者側と広告代理店の利益背反を解消できるようになったのです。オプティマイザーは人力では不可能なレベルの最適化を実現する、リスティング広告を最適化するAIツールです。このサービスを提供できることで取引先が拡大していることは言うまでもありません。

加えて当社では、競合他社による不正出稿の検出を行う「ＩＳＳＥＫＩ（イッセキ）」というサービスを自社で初めて開発しました。商標登録を行ったキーワード（社名ブランド名、サービス名など）にもかかわらず、競合他社がその語を用いて出稿していると、本来の広告主は機会損失やブランド毀損のリスクを負うため、そうした広告を検知するシステムになります。競合他社による広告出稿については、よほど意識して見ていないと気づかないため、それを検知し、双方の企業にお知らせる仕組みは大いに歓迎されています。

## ＳＥＭの導入で生まれた副次効果

代表就任時から課題だった収益構造の転換は無事に果たすことができました。翌月以降は経営に必須の数字が読みやすくなり、自然と中長期的な経営計画を立てられるようになったのです。これは当初の目論見通りですが、ＳＥＭの導入には思わぬ副次効果もありました。

それは業務フローの構築と可視化です。広告種別をSEMという1種類に絞ったことにより、誰がどのような入力をしたか、次にどのような作業をすればいいのか、仕事が単一化され、業務フローを構築することが可能になり、オペレーショナルな形で進められるようになりました。つまり、「この仕事は○○さんがいないとどうにもならない」とブラックボックス化していた業務の詳細が、外部から見ることができるようになったのです。

これは大きな前進でした。属人的なビジネスの進め方との決別の端緒にたどり着くことができたのです。さらに、顧客ごとに属人的に独自のやり方を遂行しないように、具体的にどんな手順でどんな切り分けを行い、業務を標準化したのか。次の章で解説していきたいと思います。

# 第3章

# すべての業務を標準化し、定量的なデータにする

## 不足していた人月計算やSLAの発想

筆者が大学卒業後に初めて入った会社は、システムインテグレーションの企業でした。全国展開している大きな会社です。

新卒で入社した時ハッとさせられたのが、「人月計算」という考え方でした。社内のエンジニアが同じ会社の営業担当に対して、「この仕事は時給○○円で、この仕事には累計△△時間かかりましたので、合計××円になります」と請求しているのを見て、時給や工数をここまで細かく計算するのか、と驚いた記憶があります。売り上げがこれくらいだから、稼働時間が何時間までなら利益が確保できる。そういう逆算を行うのは、IT業界に限らずどんな業種でも同じだと思います。

もちろん広告業界でも同じです。しかしながら、意外にどんぶり勘定の側面もあります。例えばクリエイティブの分野では、それが顕著です。「より良い成果物を世に送り出すためなら、何時間かけても構わない」という考え方が理解される傾向にあります。

筆者も営業として顧客対応をしていた頃は、時間も気にせず働いていたため、人月計算の考えは理解をできても必要性は感じていませんでした。採算性を気にして時間を制限し、結果として品質が下がったら顧客から契約を切られてしまうため、計算しても無駄と思っていました。経営に携わるようになってからも、違和感を覚え始めていましたが、「業務フローもバラバラで、可視化もなされていない中では、人月計算などできるわけがない」と考えていました。

加えて、創作物を生み出すというクリエイティブな作業は、利益優先では上手くいかないですし、稼働時間や効率などを機械的に杓子定規で測っても仕方がないというというのも分かります。しかし、「何時間かけても構わない」というのはおかしいのではないかと、感覚的に思うようになっていました。

同様に、ＳＬＡがないこと、導入できないことも問題だと思っていました。ＳＬＡとは「Service Level Agreement」の略語で、「サービス品質保証」という意味です。事業者と利用者の間でサービスの範囲や内容をあらかじめ決めておき、のちのトラブルを防ぐのが目的です。

例えば携帯電話のキャリアなど通信サービスやクラウドサービスであれば、サービスの定義や利用速度、利用時間の上限などを事前に提示します。もしサービスの品質がＳＬＡを下回った場合は利用料金が減額されるケースもあります。こちらもＩＴ業界では比較的、一般的な考え方だと思います。

従来型の広告業務では、ＳＬＡを設定するという発想はありません。基本思想が、お客様が求めていることを潜在的なものまで含めて〝全部やる〟ですから、「どのレベルまでの品質を保証するか」など、あらかじめ決められるものではありません。さらに言えば、広告代理店の日々の業務は雑多で膨大です。現場の担当者にとっては、仮に原価計算やＳＬＡが必要だと思っていても手が回りません。むしろ「余計な仕事を増やさないでくれ」となるでしょう。

こうした考え方は広告業界の仕事がブラック化する要因になりますし、そういう意味でも「原価計算やＳＬＡを導入できたらいいな」と考えていました。ただ広告代理店の実情を知れば知るほど、この業界で原価計算やＳＬＡの導入は無理だと諦めざるを得ませんでした。

しかし、SEMへの事業転換によって状況が変わります。SEMは従来型の広告業務では煩雑で属人的だった業務が可視化され、多くの業務をオペレーショナルに進められるようになり、かなりの工程で分業が可能になりました。IT業界など他の業種の方からすると、「何だ、そんなこと」と思われるかもしれませんが、すべての業務が属人化して当たり前の広告業界では、これはかなり画期的なことだと思っています。加えて、大手の広告代理店であればそういった業務分析をする人材を採用して推進できると思われますが、当社のようなベンチャー企業の規模でも実現できるのです。「これなら原価計算やSLAの導入を行えるようになるかもしれない」。SEMへの事業転換によって、そう思えるようになっていました。

## 社員へのヒアリングで業務工程や作業時間を調査

改革の第一歩として行ったのは、現場へのヒアリングでした。ディレクターやマネジャー、現場担当者1人ひとりに、どんな工程で業務を進めているのか、どんなところで行き詰まることが多いか、どの業務にどれくらいの時間がかかるのか、など細かく聞いてまわり、エクセルの一覧表にまとめてもらいました。

この調査結果が、衝撃的に興味深かったのです。まず、各部署がどんな工程で業務を進めているのかが、明確になっていました。

「実績確認は基本的に、○○さんが毎日1人で行っている」

「この部門では、ミーティングが週5ペースで行われている」

「マネジャーの△△さんは、毎週トラブル対応でこれだけ時間を割かれている」

当時は、こうした基本的な情報ですら窺い知ることができませんでした。業務の可視化を担っていた社員はもともと人の話を聞くのが非常に上手で、言語化に長けている人間です。それでいて仕事はとても緻密で正確さを重視するタイプ。その彼が、ブラックボックス化していた業務工程を、根気よく丁寧に可視化してくれたのです。

驚いたのは、各々の工程にかかる時間まで調べてくれたことでした。「A社向けのレポート作成はおおむね月20時間で済むが、B社向けだと30時間かかる」「同じエクセルの作業でも、Cさんがやると1件あたり2時間かかるが、Dさんだと1時間程度で済む」といった具合です。これによって、週単位あるいは月単位での稼働時間を算出することができるようになりました。

例えば、広告運用で毎日必ず行う「実績確認」という業務があります。広告の表示回数やクリックされた数などを確認して、実績となる数値をまとめる作業です。その担当社員へのヒアリングによると、これにかかる時間は1回につきおよそ10分程度。毎日行う業務ですから、10分×月間稼働想定日数20日で、月間合計時間は3・3時間と算出できます。ここに、給与や目標営業利益率、稼働率などから算出した「時間原価」を掛け合わせることで、実績確認にかかる「月間費用」を細かく算出できるようになったのです。

これはかなり画期的なことでした。しかも見えてきたのは、細かい数値だけではありません。

「Eさんはハイペースで精度高く作業を進められる人なのに、今月はあまり進捗状況が良くない」「ハイパフォーマンスを上げている社員は、午前中に資料作成を終わらせている人が多い」といった働き方の傾向まで分かってきたのです。エクセルの調査結果を見ながら、筆者は1人で興奮していました。

## 広告業界に精通した役員の協力で標準化に着手

筆者はすぐに役員とディレクターが出席する会議で、この結果を共有すると、全員が前のめりにデータに反応しました。

役員たちがこの調査データを細かく見れば、「どの工程が必要でどれが不要か」「どれがクライアントの特性による特殊事情か」「この業務に○時間かけているのは妥当か否か」などが瞬時に分かり、規格化できると思ったからです。その結果、様々なことが明らかになりました。

「A社とB社の作業時間の違いは、あるデータを掲載するかしないかの差で、その調査に毎回10時間ほどかかっている」

「しかもこのデータは慣例で載せているが、今となってはB社にとってもそこまで有用なデータではない」

「CさんとDさんの作業時間の違いは、エクセル操作の習熟度に起因している」

「しかもCさんは新規案件の提案書で行き詰まっていて、誰にも相談できずにいる。そのため他の業務に支障をきたしているようだ」

「Eさんの進捗状況が良くないのは、1日の大半を定例ミーティングに割かれているからだ。そのため彼女の作業時間は他の社員の半分程度になっている」

などなど……。こうなると、自然と解決策が見えてきます。

「B社には、このデータが不要なことを説明しよう」

「Cさんのエクセル作業は外注しよう。提案書を作成する時は、定期的に上司が相談に乗るようにしよう」

「Eさんに出席してもらっているミーティングのうち、不要なものを洗い出し、彼女が作業に集中できる環境を作ろう」

といった感じです。

ついに、作業や工程を切り分けて形を整え標準化することに成功したのです。その結果、社内で起きている問題に対して、かなり具体的に解決策を考えられるようになりました。筆者はこの調査・解析結果をすぐに全社に公開、早速すべての業務の標準化と改善に取り組みました。すると間もなく効果が表れ始めました。

## 「謎のキャパオーバー」を建設的に解決

まず、社内に蔓延していた「謎のキャパオーバー」が解消されました。かつては社員に業務をお願いしようと思っても、「すみません、キャパオーバーです」と断られる現象がよく起きていました。そう言われてしまえば、上司はなす術がありません。「分かった。こっちでやっておく」と静かに引っ込めるか、「頑張ればできるでしょ」と根性論で捻じ込むかのどちらかでした。どちらを選んでも会社がブラック化していくということは、第1章で説明した通りです。

しかし業務の可視化と標準化を徹底した結果、多くの社員が「キャパオーバー」とは言わなくなりました。しかも、仮に部下からSOSが発信されたら、上司と当人とで即座に、建設的に話し合えるようになったのです。

例えば、ある社員がA社とB社の2社を担当しているとします。業務の可視化によって、A社に必要な業務は70時間程度、B社にはおよそ80時間を要することが分かっています。その社員の月間労働時間が200時間ですから、余剰時間として50時間ほどあるはずです。そこでその50時間を使って、業容拡大のための施策を提案してほしい、と依頼したところ、「日々の業務に追われて、そこまで手が回らない」と言います。通常、拡大施策の提案は1回180分程度で終わることが分かっています。調べてみると、毎月120分程度を想定している「競合クリエイティブレポートの作成」に手間取り、同じく120分程度が想定の「定例会への出席」時間が延長しがちだと分かりました。

もう誰も「いや、もっと頑張れ」とは言いません。代わりに、どの作業で行き詰まっているか、何に時間がかかっているかを尋ねます。そのうえで「だったら、これは社内の他の人に頼もう」とか「この作業は外注してしまおう」と速やかに解決できるようになったのです。

何か問題が起きても、合理的かつ建設的な話ができる。極めて健全に仕事を進めら

| 項目 | 工数（分） | 月間回数 | 月間合計工数（時間） | 月間費用 | 補足事項 |
|---|---|---|---|---|---|
| ▼実績報告 | | | | 0 | |
| メール報告 | 15 | 20 | 5 | 86,298 | 日次での状況報告（数字+コメント） |
| 電話報告 | 15 | 20 | 5 | 86,298 | 日次での状況報告（口頭補足） |
| 定例会参加 | 120 | 4 | 8 | 138,077 | 移動往復1時間+定例会1時間程度を想定 |
| ▼その他 | | | | 0 | |
| 社内相談 | 90 | 4 | 6 | 103,557 | 週に1回程度のMTG+α |
| CLコミュニケーション | 90 | 8 | 12 | 207,115 | 1週間に2度程度の電話・メール（日次報告以外） |
| 社内ヒアリング | 60 | 1 | 1 | 17,260 | 別担当のセカンドオピニオン |
| 関連会社ヒアリング | 60 | 1 | 1 | 17,260 | 媒体社・計測ツール社の意見を聞く |
| 拡大施策提案（新規メディア追加／KW取り下げ依頼） | 180 | 1 | 3 | 51,779 | 新規メディア提案や競合他社による指名KWの取り下げ依頼（地方含む） |
| 緊急対応 | 60 | 1 | 1 | 17,260 | イレギュラーなトラブルへの対応 |
| 案件管理 | 20 | 4 | 1.3 | 23,013 | 週報入力／ユニット内報告等、各種規定FMTへの入力 |
| 合計 | | | 71 | 1,225,430 | |

広告運用からレポート作成、実績報告まですべての業務を切り分け、所要時間（分）×月間回数÷60分で月間合計工数を算出。時間単価などを掛け合わせ、月間の費用を算出している。

## 図表3-1 A社を担当するコンサルタントの業務内容の例

| 項目 | 工数（分） | 月間回数 | 月間合計工数（時間） | 月間費用 | 補足事項 |
|---|---|---|---|---|---|
| **▼広告運用** | | | | | |
| 実績確認 | 10 | 20 | 3.3 | 57,532 | 毎日必ず実績は確認 |
| 対応方針検討 | 10 | 15 | 2.5 | 43,149 | 調整が必要な時のみ発生。ほぼ毎日何かしらをする想定 |
| 新規TD/CR作成・検討 | 90 | 2 | 3 | 51,779 | 新規TDの作成や新規CRの作成（作成もしくは依頼にかかる時間）。2週間に1度程度 |
| 配信調整／自動化ツールメンテナンス | 30 | 10 | 5 | 86,298 | 媒体予算アロケ、入札率調整、KW・ターゲットリストメンテ、自動入札調整ツールのメンテ等 |
| マスタ更新・入稿依頼 | 30 | 2 | 1 | 17,260 | EGへの入稿依頼。1週間に1度程度 |
| **▼実績レポート作成** | | | | 0 | |
| 日次レポート作成・修正依頼 | 30 | 1 | 0.5 | 8,630 | 基本はRPAで実施想定。月に1度程度エラーによる修正依頼 |
| 週次レポート作成・修正依頼 | 60 | 4 | 4 | 69,038 | EGで集計、コメント記述のみ実務者を想定 |
| 月次レポート作成・修正依頼 | 180 | 1 | 3 | 51,779 | EGで集計、コメント+今後の方針を実務者想定 |
| **▼その他レポート** | | | | | |
| 業界レポート | 60 | 1 | 1 | 17,260 | 媒体社からの業界レポート。媒体社に依頼して定期的に出してもらう。依頼+内容確認工数 |
| アドレク動向レポート | 60 | 0.33 | 0.3 | 5,753 | グローバルなアドテク動向レポート。1Qに1回。依頼+内容確認 |
| Google品質スコアレポート | 60 | 1 | 1 | 17,260 | Aさん・Bさんチェックで作成。内容確認工数 |
| 競合CRレポート | 120 | 1 | 2 | 34,519 | |
| 品質レポート第三者レポート | 60 | 1 | 1 | 17,260 | Aさん・Bさんチェックで作成。内容確認工数 |

れるようになったのが、一番の収穫でした。

## 広告が分かるエンジニアが「自動化」で総仕上げ

業務を可視化したことにより、ついに当社でも原価計算ができるようになりました。それをもとに工程を切り分け作業を標準化したことで、顧客のフロント対応以外の業務をオペレーショナルに進められるようになりました。そのおかげでアウトプットの品質が安定し、クライアントに対してSLAを設定できるようになったのです。

さらに、かつては想像できなかったことにまで着手できるようになりました。業務効率化による生産性の向上です。その鍵となったのは、「自動化」でした。システムエンジニア（SE）として入社した社員（現在はディレクター）が、全社的にかなりの人手不足だったため、彼にも広告運用業務をお願いせざるを得なかったことがありました。SEにもかかわらず、クライアント業務を担当させられることになり、彼には申し訳ないと思っていました。また時には、クライアントとの折衝も担当してもらいました。しかも、それが1年半も続きました。

ただ、結果論でありますが、それが功を奏したのです。彼は広告運用サイドの悩みや運用のポイントなど「広告業務の現場が分かるシステム責任者」になってくれたのです。彼の経験は、業務の可視化と標準化の総仕上げに役立ちました。管理職が切り出した業務に対して、「その業務だったら、このシステムで自動化できます」「この作業を自動化するのは難しいので、外注に出したほうが良いです」「その作業は他部署だとマクロでやっています」と、営業サイド・広告運用サイド・開発サイドのすべてが分かっているエンジニアの視点で提案してくれたのです。これによって、かなり業務の自動化・省人化が進み、多くの社員が単純作業から解放されるようになりました。

彼は今も、ルールエンジンやＲＰＡ（Robotic Process Automation）化を推進するなど、業務の効率化に努めてくれています。

## 日々の業務を定量的に測定するには？

「可視化」→「標準化」→「自動化」という3段階を経て全容が明らかになり、ついに念願だった「原価計算」と「ＳＬＡの設定」を導入、さらに生産性の向上にまで着手することができるようになりました。

その一方で、筆者は1つの懸念も抱いていました。改革のベースになっているのは、「ヒアリング」という定性的な調査結果です。ヒアリングベースだと、どうしても回答に個人の主観が入ってしまいますし、単純な記憶違いも発生します。

そもそも、先週の何日に何を何時間作業したかなど、日々の業務を正確に覚えていられる人は多くないでしょう。意識的・無意識的にかかわらず、必ずしも正直な回答をするとは限りません。

業務の改善や効率化を進めるうえでベースとなる調査結果が〝必ずしも正確ではない〟となると、改革が間違った方向に進みかねません。正確を期するなら、やはり依拠すべきは定性的なデータではなく、定量的なデータです。

では、どうやって定量的データを手に入れればいいのでしょうか。そこで着目したのが「ＰＣログ」でした。業務時間内に社員がＰＣでどのアプリケーションを立ち上げ、どの書類を何分開いていたかなどのログデータを取得するのです。この定量的データと、ヒアリングによって得た定性的データを突合することによって、個々人が抱えている業務上の問題点や改善点をより正確に、詳細に把握することができると考え、早速導入してみました。

結果は大成功でした。

社員の残業時間がみるみる減っていったのです。かつてブラックな働き方が全盛だった頃、当社の平均残業時間は月70時間を超えていました。それが一連の改革で40時間まで減少していきました。さらなる業務効率化を進められた現在では、多くても30時間程度にまで減らすことに成功しています。

加えて、こうしたデータには、経営陣と管理職、あるいは管理職と部下が話をする時に、一緒に数値を見ながら現状の把握・分析・解決を図ることができるというメリットもあります。

個人の曖昧な記憶や主観をベースに漠然と話し合いをするのではなく、「この作業はいつもに比べて1・2倍の時間がかかっているけれども、何か問題があった？」「この日はパワーポイントでの作業が多いけど、どこかで行き詰まっていた？」など、より具体的な話を進められるようになったのです。

ただ、「会社が社員のPCログを閲覧する」と言うと「個人のPCを覗き見するのか」とか「監視されているようで息苦しい」と抵抗を感じる方もいるかもしれません。ログの閲覧は、性悪説に基づいて運用すれば、確かに格好の監視ツールになるでしょう。ツールはあくまで道具でしかありません。すべては使う人次第だと思っています。

筆者たちが会社としてPCログを閲覧するのは、監視や管理目的ではありません。むしろ、

「仕事に行き詰まっている人がいたら、早くフォローアップしたい」
「業務で困っている人をいち早く見つけて、解決策を考えたい」
「残業時間が増えて、なかなか家に帰れない社員を助けたい」
「会社全体で生産性を上げるために、何ができるのかを一緒に考えていきたい」

という思いがあるからなのです。

個々人のプロ意識が高く、それを尊重するのは素晴らしいことです。しかしその姿勢もサポーティブでなければ意味がありません。仮に監視ツールとしての活用をしていたら、社員も監視されている中で業務を行うプレッシャーやストレスから本来の力を発揮できないと考えられ、生産性は上げるどころか下がっていくと思われます。

## 同じ悩みを抱えている会社は、他にも確実にある

前述した業務の可視化と標準化、そして自動化による生産性の向上は、一朝一夕でできるものではありません。

当社でも、試行錯誤や紆余曲折、行ったり来たりを繰り返しながら、ここまで来ました。実に約3年もの時間を要しましたし、改革は現在も継続中です。たまたま優秀な仲間と幸運に恵まれたから実現できたことでもあります。

広告事業は、基本的に労働集約型のビジネスであるため、粗利率が低くなりがちで

す。そのため会社を成長させていくには売り上げを増やしていくしかない。かつてはそう思われていました。

しかし、業務効率化や事業の選択と集中によって生産性を高めるというやり方も、やはり有効だと実感しています。実際、当社では改革を行った3年間で、1人あたりの粗利率は3倍という生産性の向上を達成しています。

どの経営書籍にも書かれている弱者の勝ち方に、「選択と集中」という言葉があります。提供価値をシンプルに絞り、一極集中で専門性を高め、その領域においてガリバーを凌駕し、オペレーションを合理化することで利益を最大化する――。改革を行った3年間を振り返り、筆者は、「これがまさに選択と集中だったのか」と体感しています。

「労働集約型のビジネスモデルを何とかしたい」「社員が業務を抱え込んでいるのを可視化してサポートしたい」「激務でブラック化しているが、中長期的に成長し続けられる会社に立て直したい」など、かつて筆者が経験したように、こうした課題に頭を悩ませている経営者の方は意外に多いのではないでしょうか。

当社の一連の改革をＤＸ（デジタルトランスフォーメーション）ツールにすれば、他の会社や業務でも、可視化や標準化ができるかもしれない。そういう思いから、２０２３年に開始したのが「motto（モット）」というサービスです。

これは業務をもっと見える化・定量化することで組織の生産性を改善し、事業拡大を支援するツールです。収集されたログデータに基づき、ＡＩが業務別・プロジェクト別に工数を自動分類。個人単位の行動最適化や、顧客・プロジェクト単位での人的資源最適化を提案してくれます。このサービスでは、それまで当社で行っていたヒアリングは省略しました。従業員の自己申告や入力など必要なく、すべてＡＩにより自動で行えるようにしたのが特徴です。社員の日々の仕事を〝もっと〟楽にしてあげたい、残業時間を〝もっと〟減らしてあげたい、という意味でもあります。

実際、同サービスを導入していただいたお客様の業務分析をすると、ある特定の社員に業務が偏り、生産性の向上が上手く進行していないというケースがよく見られます。ヒアリングを主体とした定性的な調査でも分かることは多いですが、やはり最後の決め手となるのは定量的なデータです。

具体的なデータがあれば経営サイドはもちろん、従業員も理解・納得しやすいのです。自社の生産性向上を考えている方は、ぜひ一度、定量的なデータを見てみることをお勧めします。

## 「業務の可視化と標準化は一度やって終わり」ではない

当社のサービスについてはさておき、改革の話に戻りましょう。業務の可視化や標準化は、一度やっておしまい、というものではありません。日々絶えず、継続的に見直していく必要があります。

当社ではSEMへの事業転換がきっかけになったのは、これまでお伝えしてきた通りです。しかし事業をSEM主体に変えただけで、社員業務の抱え込みや、ブラックボックス化といった現象がすぐに解消されたわけではありません。

業務の大半がシステム化してオペレーショナルになった今でも、「このクライアントは特殊だから」「この担当者は他の人と違うから」と、例外をいつでも作ることができます。

もし上位職が部下に「うちの部署は特別だから、会社のやり方はいったん無視してほしい」と言ったら、どうなるでしょうか。部下は明確な意図と自信を持って、その〝特別〟なやり方を実践してくことになるでしょう。

どれだけ業務を可視化して、工程を切り分けて標準化しても、管理職が正しく目的を理解できていなければ、つまり組織としての意思統一ができていなければ、どんな制度も仕組みもあっという間に形骸化してしまいます。改革を定着させるには、ただ仕組みを作ればいいというわけではありません。実際にそれを運用するディレクターやマネジャーなど、管理職の理解と協力が絶対に欠かせないのです。

では、こうした管理職の協力を得るためにはどうすればいいか。意思統一を図るためにどんなことをすればいいのか。

そこで筆者が重視したのが、人事と評価制度の情報公開でした。

# 第4章

# 評価制度の透明性を高め、風通しを良くする

## 管理職が一枚岩でないと何も進まない

現在、当社では月に1度、「ディレクター合宿」を実施しています。経営幹部総勢8名が一堂に会し、経営課題や全社的な問題を持ち寄って、ディスカッションを行うのです。過去は泊まり込みで実施していましたが、ここ最近は朝9時半に開始して夜22時頃までほぼ丸1日。会社にまつわる議題なら何でも、お互いに納得いくまで話し合いを続けます。

当社におけるディレクターは、一般の会社で言う部長職にあたります。多くの部下を持って大きなプロジェクトを担当するため一定の決裁権が付与されていますが、同時に数字や部下に対する責任も伴います。しかし自分の部署にこだわる人には務まりません。大きな権限が与えられているだけに、積極性や主体性、自律性だけでなく、全社的な高い視座や横断的な広い視野が求められます。

仮に今、筆者がある部署を任された、一ディレクターとして合宿に参加し、「これからも自分の部署をもっと良くしていきたい」や「私の部署では、こうやっていくから（他の部署は関係ない）」と、自分の部署に限定した発言に終始したとします。おそらく、他のディレクターから、「どこを見ている？　自分の部署に固執してないか？」「それだと、ただのセクショナリズムを生み出す。もっと横断的に考えてほしい」「君はディレクターとして部署を預かっているだけ。部下や仕事は、君の私物ではない」というような指摘が入るはずです。

現在、ディレクター合宿に出席しているメンバーは全員、自分の部署や仕事といったセクショナリズムとは無縁で、常に会社全体が上手くいくこと、会社としてどうあるべきかを考えている人たちです。そのため、誰かが「今、こういう問題で頭を悩ませている」と発言すれば、「それなら、○○さんが詳しい」「こうやったら上手くいった。今度、手伝いに行く」といった発言が次々と出てきます。筆者が何も発言しなくても議論は着々と進み、翌朝出社すると、すでに問題解決に向けた動きがスタートしている。そんなことも珍しくありません。

かつての当社からは想像もできない理想的な状態です。ただし、このように機能しはじめたのは、ここ数年の話です。ディレクター合宿自体は、かなり以前から実施していましたが、あまり機能していませんでした。以前はただ漠然と実施しているだけ。活発な議論など望めず、情報交換も今ほどではありませんでした。つまり管理職が一枚岩でないと何も進まない。会社経営に携わるようになってからずっと、強く実感していたことでした。

一番大きかったのは「評価制度」を変えたことでした。

当社の人事評価は、上司だけでなく同僚や部下、他部署の人など様々な立場から多角的に評価を行う360度評価です。この制度を導入したのは2016年です。第1章でも述べた通り、筆者がCOOに就任した時のことでした。導入した当初は、上司の評価が80%、同僚や部下からの評価が20%と、通常の評価に同僚と部下の評価を入れ込んだだけでした。大きな変化ではありましたが、抜本的な改革とまでは言えません。

大きく変えたのは2020年頃です。定量評価と定性評価の2軸で判断する形式にしました。定量評価は、KPI（重要業績評価指標）などの数値です。ただし、これは全体17%に過ぎません。残りの83%はすべて定性評価です。定性評価とは、業務への姿勢や方針の理解度、献身性、業務プロセス、資質など数値では表せない貢献度のこと。職位に応じた5項目の定性評価軸をあらかじめ設定しておき、各社員は半年に1回、その項目をどれくらい達成できたか、上司や同僚、部下がSからDまでの6段階評価を行うのです。翌月以降の給料を決める仕組みで、SやA、B+評価を獲得できれば昇給。B評価だと変わらずで、CやD評価を受けると減給となります。

## 誰に対しても明確な職位制度

具体的にどんな定性評価項目を設定しているかを紹介する前に、当社の職位について簡単に説明したいと思います。

当社では職位を大きく5つに分けています。下から順番に、コンサルタント、シニアコンサルタント、マネジャー、ディレクター、エグゼクティブの5種類で、それぞれ英語の頭文字をとってC職、S職、M職、D職、E職と呼んでいます。

まずC職とは周囲のサポートを受けながら日々の事業を推進する職位のこと。入社した人は通常、まずC職に就き一通りの実務を覚えてもらっています。その上がS職。この職位には一定の実務レベルと主体性が必要とされ、クライアントを持ち自己完結で職務を遂行できることを条件としています。このC職とS職の2つが実務職で、当社の社員の多くはどちらかの職位に就いています。

続いて、M職は管理職。ユニットを持ち、C職とS職が働きやすい環境を整備することが求められます。その上のD職から経営に関わってもらいます。いわゆる役員にあたるE職と合わせて、この2つが経営職。毎月のディレクター合宿に出席するメンバーです。昇格には、原則としてA評価が2回以上を必須とします。ただし、実務能力の高さだけでM職に上がることはできません。プレイヤーとして優秀な人が、マネジャーとして優秀とは限らないからです。

管理職になるためには、昇格条件を満たしたうえで他薦を必要とします。チームとしてレバレッジの利いた仕事ができるか。それを周囲の人に認めてもらって初めて、管理職になれるわけです。C職とS職の評価は半期に1度ですが、D職以上は中長期的な視点で判断するため、通期で評価しています。管理職にならない人は「P職」と

## 図表4-1 アドフレックスの職位と、評価の内訳

### 職位と昇降給について

| | | | S評価 | A評価 | B+評価 | B評価 | C評価 | D評価 |
|---|---|---|---|---|---|---|---|---|
| 経営職 | E職 executive | P職 professional | +10万 | +5万 | +0.5万 | ±0 | ▲5万 | ▲10万 |
| | D職 director | | +8万 | +4万 | +0.5万 | ±0 | ▲4万 | ▲8万 |
| 管理職 | M職 manager | | +6万 | +3万 | +0.5万 | ±0 | ▲3万 | ▲6万 |
| 実務職 | S職 senior | | +4万 | +2万 | +0.5万 | ±0 | ▲2万 | ▲4万 |
| | C職 consultant | | +2万 | +1万 | +0.5万 | ±0 | ▲1万 | ▲2万 |

### 評価の内訳

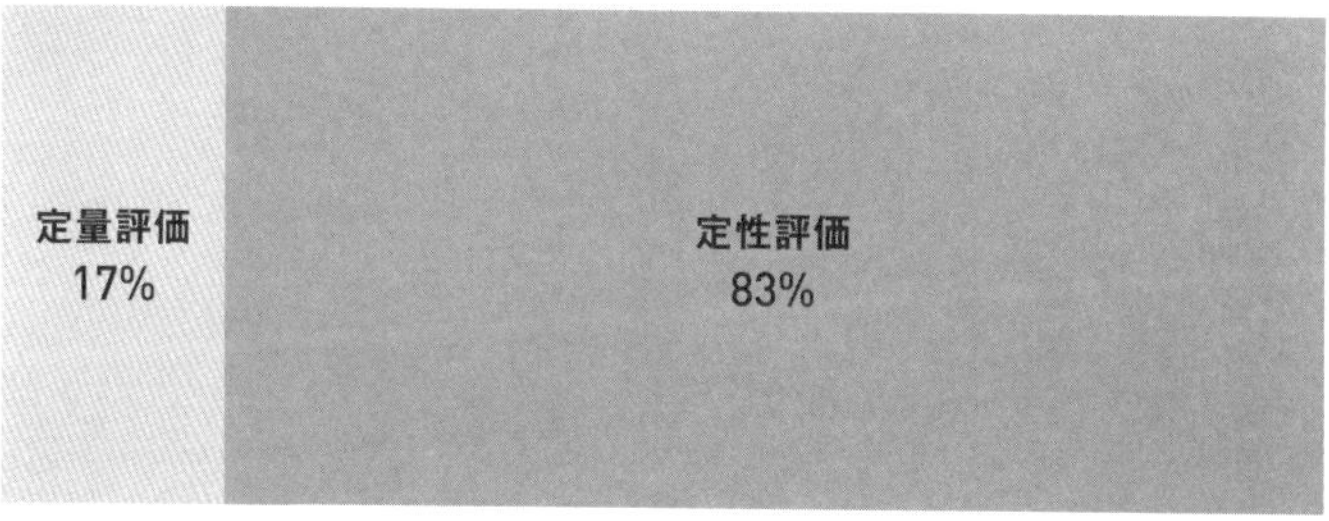


アドフレックスでは職位を5つに分け、定量評価17%＋定性評価83%の360度評価を実施。評価ランクに応じて翌月の給与が決まる仕組み。昇給金額などもすべて公開している。

いう選択もできます。プロフェッショナルのPで、専門職として活躍してもらう職位という位置付けです。

## 社員に「やってほしいこと」を定性評価項目に入れる

さて、肝心の5つの定性評価項目です。多くの経営者が頭を悩ませているところだと思います。筆者の場合はシンプルで、会社として社員に「やってほしいこと」「やってほしくないこと」を入れるようにしています。

例えばC職であれば、「当事者意識があるか？」「利己的でなくチームワークを重んじているか？」など。業務を行ううえで主体性を発揮してほしいし、自分の能力をストレッチするような働き方を目指してほしいからです。

これがマネジャーのM職になると、「部下の達成に支援するスタンスか？」「ユニット内の連携を取れているか？」など、チーム運営を重視した項目となります。さらに上のD職になると、組織の縦軸だけでなく横軸のつながりも意識した動き方を求められるようになります。そのため、「自身の決断ができているか？」「横のユニットと連携を取れているか？」といった項目になります。

2024年4月現在、職位別にどんな定性評価項目を定めているのか、一覧表を掲載したので、ご覧いただければと思います。

これらの評価項目は会社のステージや置かれている状況、また直近の課題などに合わせてフレキシブルに変えています。例えば、一時期、一部の社員から社内の雰囲気について苦情というか、指摘を受けたことがありました。

「ある社員がネガティブな発言を繰り返しており、雰囲気が良くない」「会社や同僚の文句を言うだけの集団ができつつあり、モチベーションが下がる」「真面目に仕事をするのが、バカバカしくなってきた」といった内容でした。そこで評価項目の1つに「周囲をモチベートしているか」を入れてみたところ、効果はてきめんでした。

ただし、そのままだと単なる言論封殺になってしまうので、会社や同僚に意見がある人については、個別に話を聞くようにしています。

| | |
|---|---|
| D職 | Q1. 会社方針を理解した動きか?<br>Q2. 自身の決断ができているか?<br>Q3. 横のユニットと連携を取っているか?<br>Q4. 自分の想像の範囲を超える取組みに挑んでいるか?<br>Q5. 『ファーストペンギン、セカンドペンギンたれ』 |
| P職(D) | Q1. 全社な視点を持ち自身の専門領域において体系化、仕組化が実行できているか?<br>Q2. 自分の想像の範囲を超える取組みに挑んでいるか?<br>Q3. 会社の方針を理解し、自身の専門領域を存分に生かし会社の事業推進に貢献できているか?<br>Q4. 組織横断的、全社的に自身の専門領域におけるナレッジ・ノウハウの提供、協力に主体的に関与しているか?<br>Q5. 『ファーストペンギン、セカンドペンギンたれ』 |
| E職 | Q1. 自身の決断ができているか?<br>Q2. 方針・ビジョンを伝えられているか?<br>Q3. 次の事業創造の観点があるか?<br>Q4. リスク管理の観点を捉えているか?<br>Q5. 『ファーストペンギン、セカンドペンギンたれ』 |
| P職(E) | Q1. 全社な視点を持ち自身の専門領域において体系化、仕組化が実行できているか?<br>Q2. 自分の想像の範囲を超える取組みに挑んでいるか?<br>Q3. 会社の方針を理解し、自身の専門領域を存分に生かし、次の事業創造に貢献できているか?<br>Q4. 組織横断的、全社的に自身の専門領域におけるナレッジ・ノウハウの提供、協力に主体的に関与しているか?<br>Q5. 『ファーストペンギン、セカンドペンギンたれ』 |

## 図表4-2 職位別の定性評価項目(2024年4月現在)

| | |
|---|---|
| C職 | Q1. 自走しようとしているか?<br>Q2. 当事者意識があるか?<br>Q3. 利己的でなくチームワークを重んじているか?<br>Q4. 自分の想像の範囲を超える取組みに挑んでいるか?<br>Q5. 『ファーストペンギン、セカンドペンギンたれ』 |
| S職 | Q1. 自走しているか?<br>Q2. 顧客のビジネスにコミットしているか?<br>Q3. 後輩育成(フォロー)に主体的に関与しているか?<br>Q4. 自分の想像の範囲を超える取組みに挑んでいるか?<br>Q5. 『ファーストペンギン、セカンドペンギンたれ』 |
| M職 | Q1. 会社の方針を理解した動きか?<br>Q2. 部下の達成に支援するスタンスか?<br>Q3. ユニット内の連携を取れているか?<br>Q4. 自分の想像の範囲を超える取組みに挑んでいるか?<br>Q5. 『ファーストペンギン、セカンドペンギンたれ』 |
| P職(M) | Q1. 全社な視点を持ち自身の専門領域において体系化、仕組化が実行できているか?<br>Q2. 自分の想像の範囲を超える取組みに挑んでいるか?<br>Q3. 会社の方針を理解し、自身の専門領域に適宜柔軟に適応できているか?<br>Q4. 組織横断的、全社的に自身の専門領域におけるナレッジ・ノウハウの提供、協力に主体的に関与しているか?<br>Q5. 『ファーストペンギン、セカンドペンギンたれ』 |

## 5番目の定性評価項目は毎回、社員に決めてもらう

定性評価項目の中で最も重視しているのが、5番目の設問です。職位に関係なく全社員共通で「みんなで同じ目標に向かって進んでいこう」という思いを込めています。そのため毎回、選抜した社員たちに会社の状況や将来、目指すべきところなどを議論してもらい、決めています。

現在は「ファーストペンギン、セカンドペンギンたれ」です。

これは、全社会議で決めた会社のスローガンで、最初に行動を起こす勇気を称賛する、という意味を込めています。新しいことに挑戦する、誰もやったことのないことに挑む、みんなが無理だと諦めていることを粘り強くやってみる。こうした行動は、当社が強く奨励したいことの1つです。これを評価項目に入れることで、「半年間、スローガンに合致した行動を取れたか。新しいことに挑戦できたか」と問うています。

先の標語が決まった時、筆者は提案した社員に尋ねました。

「ファーストペンギンというのはよく分かるけど、セカンドペンギンも含まれている

のはなぜ?」

彼らの答えは明快でした。

「ファーストペンギンが飛び込んだあと、あとに続く人がいないと最初に飛び込んだ人が孤立してしまう。だから、次に続く人の勇気も称えたいんです」

筆者は大いに納得し、セカンドペンギンを加えることに大賛成しました。この標語は現在、会社の「理念」「使命」に続く、「姿勢」として対外的にも大きく表明しているところです。会社としての姿勢を示す標語ですから、5番目の定性評価項目に入れるのも自然な流れでした。

## 「売り上げという数値」で社員を評価しない

評価制度を変えるにあたって、注意したのは2点です。

1つは、「隠し立てせず、みんなに公開する」こと。どんな条件をクリアすると、どんな評価がされるのか。給料はどれくらい上がるのか。多くの会社では、こうした条件は、秘密とは言わなくとも、あまり積極的に周知されていないケースがほとんどだと思います。筆者は常に、会社と社員の関係はフェアであるべきだと思っており、すべての条件を公開したかったのです。現在は社内だけでなく、採用前にも事前に知ってもらえるよう、当社ホームページの動画でも詳しく解説しています。

もう1つ注意したのは、「クライアントベースでは評価しない」こと。広告ビジネスはクライアントあっての仕事です。クライアントがいなければ成立しません。しかし評価軸をクライアントベースにすると、社員に対して「優良クライアントを取ってきたか」「どれだけ仕事の幅を広げられたか」で測らなければならなくなります。それはつまるところ「売り上げがいくらか」を問うことになります。

クライアントベースの評価は、社員をクライアントに依存させることにつながります。「このクライアントを持っているから自分は評価されている」というのはあとに必ず、「このクライアント失ったら評価が下がる」に変わります。これでは、社員がクライアントや業務を抱え込む時代に逆戻りです。

そのため、17％の定量評価には「売り上げ」という項目を入れていません。数値による評価は、あくまでKPIなどに限っています。KPIを設定するにあたり、最重要視しているのは「再現性」なのです。入り口から出口までの業務を上手に切り出し、オペレーショナルな工程を作ること。それを上手くできる人は、あるクライアントを失っても、別のクライアントに対して同じことができます。

前述の通り、広告業務はやはり〝水物〟です。クライアントの事情や都合によって、順調に進んでいたプロジェクトが突然〝流れる〟ことはよくあります。それを売り上げという数字で測っていては、アップダウンが激しすぎて、経営サイドも社員サイドも疲弊してしまうのです。

つい先日も、当社で手掛けていた大きめのプロジェクトが、ひとまず終わるということがありました。とても優秀な女性社員が担当していて、クライアントからの評価も高かったのですが、先方の急な方針転換によってプロジェクトが休止。当社としても、数億円単位の売り上げを失うことになりました。担当社員は、再現性の高いビジネスプロセスを作るのが上手で、この仕事も実に上手く組み立てていました。上司も部下も同僚も、彼女の仕事ぶりを知る人はみな、「とてもじゃないけど、彼女に対してマイナス評価を下すことなんてできない」という意見でした。筆者も全く同じ見解でした。結局、彼女に対する評価は「プラス」、つまり昇給でした。

本人にその話をすると、非常に驚いていました。数億円単位の売り上げを失った時、彼女は「自分の価値などもうない」と思っていたそうです。筆者は「売り上げが落ちた」という理由で降格させたり、降給させたりすることはありません。確かに、かつての当社の評価制度でしたら、ボーナスなどのインセンティブはなし、悪ければ一時的な減給になっていたでしょう。しかし、現在の当社では、ＫＰＩなどの定量評価項目をクリアし、定性評価項目で周囲からきちんと評価されていれば、数億円単位で売り上げを失ったとしても昇給になります。

売り上げは社員にとって大きな成果の１つですが、重視すべきは日頃のプロセスと再現性です。そこに着目するほうがよほど合理的で、売り上げなどの数値は、きちんと仕事をしていれば正しくついてくるという考え方でいます。

現在、彼女は気落ちすることもなく、新しいプロジェクトに果敢に挑戦してくれています。社員の心理的安全性を確保しつつ新しい挑戦をする土台を作れたという意味でも、定量評価項目に売り上げを入れなくて正解だったと思っています。これをきっかけに2024年からは、定量評価項目の17%も削除し、すべて定性評価項目に変更しました。数字の達成においては、ラッキーパンチもアンラッキーパンチもある中で、優秀な社員の再現性を評価していくほうがより実態に近く、双方に納得感もあると考えています。

## 「インセンティブの麻薬化」を回避するために

社員のどんな行動を、どのように評価するか。これは経営者にとって常に難しい問題です。特にボーナスなどのインセンティブについては、収支のバランスや公平性などで頭を悩ませている方は多いのではないでしょうか。

かつて、筆者はインセンティブの支払い方式で、大失敗をしたことがあります。当社では創業以来、多くの広告代理店がそうであるように、業績に応じてインセンティブを決めていました。2017年頃だったと思いますが、より公平な配分方法にしたいと考え、ユニットを1つの会社と見立て、損益計算書を作成し、貢献利益に応じた分配を行いました。

当時はビジネスユニット（BU）制で、社内に5つのBUがありました。そこで貢献利益ごとにビジネスユニットに分配し、そのユニット内の構成社員の人数で均等配分をすることにしました。全社的に計算式などの詳細を発表し、金額も公表しました。これで公平な配分ができたと考えていたのですが、蓋を開けてみると思わぬことが起きていました。新入社員のボーナスが、別のBUのベテラン社員の倍額以上になってしまったのです。入社1年に満たない社員がたまたま大きく利益を達成しているビジネスユニットに配属された結果、このようなことが起きてしまいました。全社的に大ブーイングとなり、即撤廃。深く考える暇もなく導入した結果、このような事態を引き起こしたことは今でも反省しています。

公平なインセンティブの仕組みをどのように作るか。これは非常に難しい問題です。仕組み次第で社員のメンタルは激しくアップダウンしますし、打ち手を間違えると、優秀な社員を失うという最悪の結果につながります。経営サイドからすると、インセンティブはあくまで「余剰利益の再分配」です。社員のモチベーションを上げるために行う施策であり、基本的には〝イレギュラー〟なものとして捉えてほしいものです。

一方、受け取る側からすると「頑張って上げた成果に対する当然の報酬」ですから〝あって当たり前〟です。減額やゼロとなると、大きな失望感に襲われます。筆者が社員だった頃を思い出しても、目標未達だった場合、頭では「まあ、今期はボーナスが減っても仕方ないかな」と分かっているつもりでも、いざ実際の金額を目の当たりにすると「えっ、これだけ？」と意外にショックだったりしました。人間の心理として、本来手に入るはずだったものを失うというダメージは、思っている以上に大きいものです。また、ボーナスを見込んでいたご家族にとっては現実的な痛手となり、もしかしたら社員の家庭での立場が弱くなってしまうかもしれません。

経営者としてこのようなことを考え始めると、もうダメです。「今、この人に辞められると困る」と思う社員に対しては、たとえ目標未達であっても調整金など様々な名目で払いたくなる心理が働きます。結果、インセンティブは常態化し、本来の目的であった「モチベーションを上げる」という効果はどんどん薄くなっていきます。いわば「インセンティブの麻薬化」です。こうなると、業務目標の設定に影響を及ぼすなど、さらなる弊害が生まれます。

例えば、経営側は「これから事業を伸ばしていきたい」というフェーズだとしましょう。一方、現場のほうは様々な事情から「今期の目標達成が難しい」状況だとします。すると、何が起きるでしょうか。経営者が事業を伸ばすために一生懸命に旗を振っているのに、現場の担当者は目標未達を恐れて数字をコンサバティブに読み始めます。みんなで一丸となって頑張っていくフェーズなのに、インセンティブという一時的な報酬によって社員が反対方向を向いてしまうのです。これでは事業を伸ばしていくことなどできません。

それでは、どういうインセンティブの形式がいいのでしょうか。

それは筆者にも分かりません。今、当社で試験的に行っているのが、インセンティブをすべて達成の有無にかかわらず上乗せして「月額給料」に反映させるという試みです。余剰利益として見込まれる金額を12カ月で割り、あらかじめ支払ってしまうのです。経営サイドにとっては、すべて先払いになるわけですから、大きなリスクです。

しかし、仮に目標未達の人がいても、離反リスクを恐れて何らかの形でアドオンする可能性を考えるなら、最初から分配してしまい、みんなでオーバーアチーブ（目標超過）を目指そうという考え方です。

これはまだ試行段階ですので、将来どうなるか分かりません。もしかしたら1年後には、「あれは大失敗だったので、やめました」と判断しているかもしれません。ただ、インセンティブの条件についても、他の評価基準などと同じように、常に透明性高く、社員に公開していきたいと思っています。

## 「クライアントに信頼される人」の条件とは

さて、少し話が逸れてしまいました。評価制度の話に戻ります。

当社では、人事評価に非常に時間をかけています。現在の社員数は100名程度ですが、役員とディレクターを集めて10時間から12時間ほどみっちり、全社員1人ひとりの評価を行っています。

別の企業では、従業員200人くらいで人事評価は通常、2時間から3時間程度で終わらせるという話を聞いたことがありますから、かなり時間をかけているほうだと思います。会社の代表として常に心がけているのは、評価する人としない人の基準を常に明確にし、透明性高く伝えていくことです。細かな要件は職位や会社のステージによって異なりますが、一貫して評価〝しない〟人の条件として挙げられるのは、

●業務やクライアントを囲い込んでいる人
●ルーティンワークに自分なりの創意工夫が見られない人
●自身の課題に向き合わず殻に閉じこもってしまう人

など。逆に、高く評価している人とは、

●隠れた課題を顕在化し、解決に向かって進める人
●再現性を高めるために業務を標準化し、外部に切り出している人
●主体性を持って新しい仕事を見つけて、どんどん挑戦している人

です。これは、ことあるごとに社内にメッセージとして発信しているので、かなり浸透しているのではないかと思っています。特に、社員に期待している役割は「クラ

イアントが抱える潜在的な課題を顕在化させ、業務を定型化させて切り出すこと」。そこでバリューを発揮してほしいと思っています。

そのためには、クライアントから信頼されなければなりません。SEMが主軸になったとはいえ、当社ではまだディスプレイ広告の業務も請け負っていますし、業務の可視化や自動化でオペレーショナルに進められるようになっても、やはり最後に鍵を握るのは〝人〟です。

では、クライアントに信頼されるため、つまりクライアントをグリップするためには、どんなことが必要なのでしょうか。実はこれも、社内のマネジャーたちに一度考えてもらいました。それを叩き台にディレクター陣と検証したうえで、「関係性構築・対話」や「情報・知識」「運用・定例」などに分類し、ガイドラインとして社内に公開しています。具体的には、「依頼メールで送ったあとに電話でフォローしているか?」「相手に合わせて、説明や資料の微調整を行うことができているか?」「社内評価や周辺環境を踏まえた、理想的な目標（本音）を聞き出せているか?」など、基本的なことばかりですが、クライアント・グリップが上手な人の行動特性としてまとめ

| | 具体例 |
|---|---|
| | 1次返信は1時間以内にしているか? |
| | 毎回確認しているか? |
| | 不必要に納期を前倒していないか? |
| | 遅延しそうになったら事前連絡しているか? |
| | 聞かれる前にお伝えできているか? |
| | 最低週1回は電話もしくは対面で話をしているか? |
| | メールはADF発信で終わっているか? |
| | 依頼メールで送った後に電話でフォローしているか? |
| | クライアントのデジマリテラシーに合わせた用語選択や説明をしているか? |
| | 定例会以外の場でクライアントの理解度を確認しているか? |
| | 定例会の前に内容の事前連携をしているか? |
| | どこの会社が何の媒体を扱っているか、を把握できているか? |
| | 他の代理店に対してクライアントの印象がポジかネガか |
| | 競合代理店の広告運用状況に関心を持ってヒアリングできているか? |
| | 競合代理店との相対評価を理解できているか? |
| | ハーフレビュー・アニュアルレビューの実施率 |
| | レビューにクライアントの上席がご出席いただけているか? |
| | アクションリストを作成してクライアントが認識しているか? |
| | 新しい担当や上長が着任したときに、勉強会をご提案しているか? |
| | 上席向け、担当者向けにカスタマイズした内容の勉強会をしているか? |
| | ADFの過去の実績を伝えているか? |
| | 施策全体で見た時のリスティングの有効性を理解させているか? |
| | 事故の回避に向けた自社の取り組み(アップデート)を共有できているか? |
| | 部門間のパワーバランス、役割、ミッションの把握ができているか |
| | 相手に合わせて、説明や資料の微調整をおこなえているか? |
| | 担当者や決済権者など、職位ごとにあった話し方、内容を意識しているか |
| | 現状のKPIや予算を上回る増額・新規施策の提案を1回/Q程度は打診・議論できてるか? |
| | コストカットと再投資の設計に基づく提案ができているか? |
| | CPA／獲得件数／シミュレーション精度／オペレーションミスの有無 |
| | 上長より共有があったポイント(企業の価値観、企業文化)を理解して仕事をしているか |
| | 業務範囲や工数、業務優先度の把握 |
| | 先方社内の評価制度や目標への達成状況、現状のミッションの把握 |
| | 評価の時期、頻度の把握 |
| | 評価状況を踏まえた担当の理想の実現に向けて提案やフォローができているか? |
| | アドフレがプラン達成したらどの程度の評価貢献するのか? |
| | 社内評価や周辺環境を踏まえた、理想的な目標(本音)を聞き出せているか? |
| | 先方社内で回覧する資料のフォーマットを把握できているか? |
| | 社内であげる資料の情報の過不足の確認ができているか? |
| | 上司がどのような情報を求めているか?　担当の口からヒアリングできているか? |
| | 3C分析を資料化して提出したことがあるか? |
| | ベンチマークにしている競合名、の合意が取れているか? |
| | 中長期のロードマップの提示とそれに基づく各実行施策を毎月合意しながら進めているか |
| | 上記施策の評価ポイント(何の数字で成功)をちゃんと顧客と確認できているか? |
| | 自社の成果や取り組みの共有、業界や市場トレンドのデータを定期的に共有しているか? |
| | 自社の開発中のプロダクトやサービスなどの取り組みを共有しているか? |

## 図表4-3 クライアント・グリップで重要なアクションの例

| No. | 分類 | 目的 | アクション |
|---|---|---|---|
| 1 | 関係性構築・対話 | | 即レス |
| 2 | 関係性構築・対話 | | 納期の合意 |
| | | | |
| | | | |
| 3 | 関係性構築・対話 | | 頻度（電話／メール／対面／ウェブ） |
| | | | |
| | | | |
| | | | |
| 4 | 関係性構築・対話 | | リテラシーの把握 |
| | | | |
| | | | |
| 5 | 関係性構築・対話 | | 競合代理店の動きの把握 |
| | | | |
| | | | |
| | | | |
| 6 | 関係性構築・対話 | | ハーフレビュー・アニュアルレビューの実施 |
| | | | |
| 7 | 関係性構築・対話 | | 先方ボール／弊社ボールの明確化と進捗納期管理 |
| 8 | 関係性構築・対話 | なぜADFと付き合うのかが引き継がれていないリスクをヘッジするため | 勉強会・啓蒙 |
| | | | |
| | | | |
| | | | |
| | | | |
| 9 | 関係性構築・対話 | | 担当者・上席の会社内立ち位置をわかっているのか？ |
| 10 | 関係性構築・対話 | | 相手の立場や職位、レイヤーにあった説明や話し方、アウトプットができている |
| | | | |
| 11 | 関係性構築・対話 | | 増額提案を顧客の視点に基づき判断できているか？ |
| | | | |
| 12 | 情報・知識 | | 企業として重視するポイントが分かっているのか？ |
| | | | |
| 13 | 情報・知識 | | 先方担当者の他の業務を把握し、評価の状況を理解しているか？　求める事やりたい事を理解しているか |
| | | | |
| | | | |
| | | | |
| | | | |
| | | | |
| 14 | 運用・定例 | | 担当者が上席に説明できるように、担当者に説明をできているのか？ |
| | | | |
| | | | |
| 15 | 運用・定例 | | 先方社内の方針や3Cを把握したうえで広告戦略を考えているか？ |
| | | | |
| 16 | 運用・定例 | | 施策実施の方針と評価方法の合意 |
| | | | |
| 17 | 運用・定例 | | 適切に自社の取り組みを情報としてクライアントに提供しているか？ |
| | | | |

たものです。

これも2023年に始めたばかりの取り組みですので、今後どのように変化していくか分かりません。まだまだ検証が必要なものですが、こちらも一覧表を掲載しておきたいと思います。

## 人事・評価制度に合わせて、会社組織も風通しをよくする

職位の設定や評価制度、給与制度の改革を進め、透明性を高めていった結果、最後の仕上げとして着手したのが組織体制の変更でした。

ビジネスユニット制など様々な形態を模索しましたが、最終的に落ち着いたのは、フラットな組織体制でした。それまでは、クライアントごとに部門を作り、A社担当の○○チーム、B社担当の△△チームといった編成にしていました。それを「新規営業チーム」と「既存顧客チーム」という役割で分け、2部門体制にしたのです。新規営業チームは案件獲得に専任し、新規顧客の開拓に専念してもらいます。仕事を取っ

てきたあとは既存顧客チームが引き受け、制作や日々の運用、改善を続けていく仕組みです。これも、かつての当社では考えられないことですし、一般的に見ても広告業界ではあまり例がないと思います。それこそ「クライアント・グリップのためには、新規で営業をかけたときから担当者はずっと同じでなければならない」というのが大鉄則でした。しかし業務を可視化・標準化し、人事評価の透明性を高めたことで、そこも改善することができました。

すべてを統合して2つに分けようと思ったのは、セクショナリズムをなくし、ベクトルを1つにしたかったからです。クライアントごとに部門を分ける縦組織にすると、どうしてもセクションごとの意識が発生してしまいます。また、社員の得意分野をさらに引き出していきたい、という思いもありました。当たり前の話ですが、人材ごとに好き嫌いや得意不得意があります。「0から1を生み出す案件獲得の仕事をしたい」という人もいれば、「1を10に育てる業務のほうが好き」という人もいます。ですから、苦手な仕事でつまずくより、好きで得意なものに特化してもらったほうがいいと考えたのです。

始めた当初は、業界の慣習もあって、クライアントから「えっ？　彼がこのまま担当してくれるんじゃないの？」と言われたこともありました。しかし発注が入るフェーズから既存顧客チームを打ち合わせに同席させるなど、段階的な橋渡しをしていくことで、混乱なく移行できるようになりました。

また、案件を獲得してきた社内の営業担当者からは、「最後まで責任を持って関われないのは、少し寂しい」といった声も聞かれましたが、しばらくすると「新規開拓に専念できるほうが楽しい」という意見に変わっていきました。

セクショナリズムをなくすために、チーム名にも工夫を凝らしました。こうした部署名は、ひと昔前の企業であれば「営業一部」「営業二部」などと命名したところだと思います。しかし数字にすると、それだけで序列感が出てしまいます。経営側にそんな意図などないのに、部署名の数字だけを見て「こっちが上」「こっちのほうが重要」と揉めたりいがみ合ったりするのは、本意ではありません。

そこで、序列を想起させないように、チーム名を「光の三原色」にしました。RGB（レッド・グリーン・ブルー）の3つです。新規営業チームはブルーで、チーム名はCSBです。CSはカスタマー・サクセスの頭文字から来ています。既存顧客チームはCSR（レッド）とCSG（グリーン）の2つに分けていましたが、のちに統合して1つのチームにしました。新しいチームの名称はCSY。光の三原色でレッドとグリーンを混ぜると、イエロー（Y）になるからです。ちょっとした遊び心です。

対外的には、名刺の肩書にはさすがにカスタマー・サクセス・ブルーやカスタマー・サクセス・イエローなどとは載せられないので、全社員ストラテジックパートナーユニットという表記にしています。現在はCSBとCSYの2チームを主軸に、そのほか営業サポートを行う「事業支援」や「システム」「人事総務」「経理」「経営企画」という組織体制で運営しています。

この組織体制にした結果、最近になってようやく、少しずつ職務ローテーションを回すことができるようになりました。大企業では、入社したあと、営業部門や制作部門、経理や経営企画といったバックオフィスも含めて様々な業務を経験し、ビジネスパーソンとしての幅を広げていくという職務ローテーションは当たり前だと思います。ところが、社員数の少ない中小企業ではローテーションをしたくても、なかなか難しいのが実情です。ましてや属人的で当たり前の広告業界では夢のまた夢でした。しかし最近の当社では少しずつ、いろいろな部署を経験してもらえるようになってきています。複数の業務を経験することのメリットは、システムエンジニアなのに広告運用やクライアントの折衝をしてもらった社員の例でもよく分かっていますから、これからも積極的にローテーションを回していきたいと思っています。

これも業務の可視化と標準化を進め、社内組織の透明性を高めて風通しを良くした結果だと言えると思います。

## 管理職を育てることの難しさ

一方で、個人的な課題として持っているのは、管理職を育てることの難しさです。筆者自身も経験があるのでよく分かるのですが、チームを任せてもらい、上司として部下を持つようになると、どうしても自分の部下が可愛くなってしまいます。頑張っている姿を見ていると報いたくなるし、嫌われたくない一心でつい甘くなってしまいます。

逆に、そうでない人もいます。例えば「とにかく数字が大事だ」という上司は、優秀だったプレイヤー時代の自分と比較してしまいがちなため、「もっと頑張れ」「なんでこんなこともできないの？」という気持ちから、つい部下に対して厳しくなってしまいます。改めて筆者が言うことではありませんが、優しさと厳しさは、どちらか一方に偏っても良くありません。厳しいだけだと社員は辞めていくだけですし、優しさだけだとぬるい組織になってしまいます。

当社でも同じ悩みを抱えていました。そのため、社内で頻繁に、ディレクターやマネジャー向けの研修会を行っていました。

管理職に求めることとして、「利他の精神で自分が部下や周りに生かされている自覚を持つこと」「部下がいないと上司の仕事も存在しない」などと伝えたりしました。また、優しさと厳しさの塩梅としては、「優しさの母性が9割、厳しさの父性が1割くらいでちょうどいい」といった感じで伝えていました。

これは何か根拠があるわけではなく、あくまで筆者の体感です。筆者自身、そこまでマネジメントに長けているわけではありませんが、これまでの経験から考えるに、これくらいがちょうどいい気がしています。業務の標準化が進んだ現在では、こうしたことのほかに良い管理職の条件として、「いつでも自分以外に替えが利く状態を作っておくこと」「そのうえで、周囲からは自分が指名されるようにすること」という2つを両立させるよう、伝えています。

これまで繰り返し述べてきたように、筆者は「自分がいないと仕事が進まない」状態の管理職を一切評価していません。一方で、周囲から求められる人にならないと、仕事の幅を広げることはできません。この2つは両輪であり、どちらを欠いてもいけないのです。管理職が自ら自分以外に替えが利く状態を作ることは、決してネガティブな話ではなく、その管理職当人の仕事を広げていく一歩となります。管理職に多く見られるのは、自身の領域を任されると、その領域に対して責任感を強く持つ一方で、「このレベルの仕事は自分しかできない、マネジメントできない」という思考に陥りがちな点です。そうではなく、任されたユニットに対して再現性や代替できる状態を作ることで、その仕事を部下や他の管理職に任せられる管理職こそ、次の大きな仕事に向き合うことができるのだと筆者は思います。

そういった意味で、「自分以外の人にも代替できる状態を作り、そのうえで担当領域を任せるには自分がベスト」と選ばれる状態が、会社にとっても管理職にとってもハッピーな状態と考えられます。これを両立させるのは簡単なことではありません。でも、それを両立させられる人材を目指してもらえることを期待しています。

## 楽しみながらハードワークする管理職を育てるために

当社でマネジャーより上の職位に就くと、業務内容が多岐にわたり、会社からの要求レベルは上がり、かなり忙しくなります。

特にディレクター陣は大変でしょう。通常の業務に加え、全社的な方向性や取り組みについて考えなければなりません。さらに、年2回の人事評価の際には、自分の部署以外の人も評価しなければならないからです。「自分とは関係のない部署だから、○○さんについてはよく知らない」では済まされません。他部署の人事評価まで行うのは、セクショナリズムを防ぐという意味もありますが、他部署の人材にも注意を向けることで視野を広げてもらいたいからです。

しかし、彼らはみな、大変でありつつも日々の業務を楽しんでいます。彼らには自分たちでどんどん仕事を作り出せる面白さがあり、同時に社内の課題を見つけては改善を行うことができるという前に進んでいる感覚が強くあると思います。楽しみながらハードワークをこなしてくれる管理職。これほど頼りになるものはありません。

少し前までの筆者は、どこかに「自分が頑張らないといけない」「自分が率先垂範で引っ張っていかないといけない」という気持ちが残っていました。しかし、今はそういう気負いはほとんどありません。

今、筆者は「会社で一番優秀なのは社長でなくていい。自分より優秀な社員が活躍する土壌を作ることが重要で、それこそが経営者の仕事」と、心の底から思えるようになりました。

それは会社の成果にも表れています。2020年頃から経営サイドと管理職の一体感が増し、施策や方針を決めて実行に移すスピードが飛躍的に上昇しました。30億円前後だった売り上げが倍々に増えていったのも、この頃です。

今、ディレクターたちを突き動かしているのは「自分たちでより良い会社を作っていく」という感覚です。自分が何かをすることで、会社が少し良くなる。そして毎日、その手応えが得られる。それはとても楽しい感覚だと思います。また、それはディレクターやマネジャーに限りません。実務職の社員たちも同様なのです。自分たちは会社の一員であり、管理職ではないけれど、ある程度、会社運営にも口を出すことができる。そういう感覚を持ってもらえると、どんな人でも主体的かつ自律的に動くようになるのです。

より良い会社を作るためにどんなことをすればいいのか。

次章では、筆者と管理職、そして社員たちみんなで取り組んでいるプロジェクトを紹介していきたいと思います。

第 5 章

# 会社を良くする制度とプロジェクト

## 社員の意見や主張は、できる限り汲み取っていく

「桑畑さん、広告事業には、もう興味がなくなったんですか？」

業務の可視化と生産性向上のプロジェクトを事業化すると発表した時、社内からこんな声が上がりました。当然、そんなつもりはありません。広告事業をやめる気持ちなんて毛頭ありませんし、広告事業とは別に、企業のＤＸを手伝う新規事業を立ち上げただけで、いずれこの２つの事業が会社を支える二本柱になればいいと思っています。

しかし、筆者の説明の仕方が良くなかったこともあり、多くの社員を不安な気持ちにさせてしまいました。同業他社の新規事業を推進しているトップに伺うと、こういった問題はどこの会社でも起こっているようです。ある会社でも、「経営者として、既存事業と新規事業の両方を大切にしていることを常に言い続けている」という話を聞きました。当社でも全く同様のことが起こっていました。

こういう時、筆者は過去に言葉足らずだったこともあり、その時代を反省してでき

る限り話し合うことにしています。

１人ずつを呼んで話し合うこともあれば、全社会議の時に時間を取って説明することもあります。誤解を解いたり、理解を深めてもらったりするために、社内掲示板などに長文を書き込むこともあります。「納得はできなくても、理解はしてほしい」という思いを持ってやってきました。社員にはできる限り、情報を開示したいと思っています。

特に、情報格差を解消したいという思いが強いのです。地方や都市との情報格差もそうですし、クライアントと広告代理店の情報格差もそうです。ふと気を抜くと、同じ会社の社員同士でも情報格差は簡単に生まれます。こうした情報格差は単純にアンフェアですし、相互不信や無用な対立を深めるだけで、良いことなど何ひとつありません。

クライアントと広告代理店の関係でも情報格差があります。第2章でも述べた通り、「広告費を抑えたい」クライアントと「広告費の総量の一部が手数料」である広告代理店の間には本質的な利益相反が存在しています。

その結果、何が起こるかというと、「この情報をお客さんに伝えると、広告費の抑制につながってしまう。それは、目標数字を追いかける営業担当としては、売り上げ減少につながるので、日頃顧客を担当している身としては言ってあげたいが、売上目標もあるし、会社の方針もあるので言い出せない」となるのです。そのため、広告費を抑制する方法などは、積極的に顧客に情報開示を行うモチベーションを持てない、というのが広告代理店の本心になります。もちろん、自社の優位性を捨ててまで、何もかも情報開示しろとは思いません。ビジネスですから、そのあたりのバランス感覚は必要だと思います。しかし、クライアントが得する情報を積極的に伝えない中で、経営方針として「顧客主義」とか「顧客志向」を掲げるのはおかしい——。ずっとそう思っていたのです。

当社で、不正出稿を検出する「ＩＳＳＥＫＩ」というサービスを始めたのは、そういう思いもあったからでもあります。

## 「独裁的な民主主義」のススメ

先に述べたことは、会社と社員の間も同じです。できる限り同じ情報を共有してフェアな状況で付き合っていきたい。そのうえでお互いに一緒にやっていこう、と思える関係でありたい。そう思っています。

昭和あるいは平成の頃に「会社と社員の情報格差をなくしたい」と言ったら、きっと鼻で笑われたことでしょう。当時は「権利を主張するのは美徳に反する」という考え方が主流であり、義務を果たしていたとしても、口に出せる雰囲気ではなかったと思います。仕事の仕方も「黙って上司の背中を見て、ついてこい」という時代だったでしょう。少なくとも、筆者はそんな環境で育ってきました。

その前提にあるのは、終身雇用です。当時は「会社は辞めてはいけないもの」という〝一般常識〟があり、「辞めても他に行くところなどない。あってもロクな職場ではない」という社会通念があったため、成立した考え方でした。しかし、終身雇用が崩れた今、そのようなやり方では、若手はまずついてきません。「嫌なものは嫌」と辞められるのがオチでしょう。

今日、経営者はきちんと義務を果たしている社員の意見や主張には、真摯に耳を傾ける必要がある時代へ突入していると思っています。もし可能であれば、彼らが言語化する前にこちらから推察したり、あるいは話を聞きながら、顕在化していない彼らの主張を引き出したりしなければいけません。しかし、局面によっては「ここは言うことを聞いてほしい」と、強権を発動しなければならないタイミングもあります。そうした場面では素早く、果断に決めていく必要があると考えています。

社内でもよく言っているのですが、筆者のマネジメント・スタイルは「独裁的民主主義」です。基本は、多くの物事を民主主義的に進めます。みんなの話を聞きながら意見を集約し、多くの人が納得できる選択をできるよう、ボトムアップを意識しながら物事を決めていきます。ですから、より多様な意見を集約できるよう、ディレクター合宿や全社会議、選抜メンバーによる合議など、みんなで話し合いをする機会をなるべく多く設けるようにしています。そうした場では筆者はできる限り口を挟まず、みんなが決めたことに従うようにしています。

一方で、結果に対してシビアな責任を問われるもの、あるいはスピード感が求められるものに関しては、筆者の独断で決定します。シビアな責任が問われるものとは、事業指針など大きな方向性に関わる決定や、数年後に影響が出てきそうな事柄についてです。これについては、筆者が責任を持って決めます。この決定によって起きたことの責任はすべて、筆者が一身に受け持ち、社員を守るようにしています。

## 意思決定のスピード感を活かせば、海外企業にも選んでもらえる

独断で行わなければならないのが、スピード感を要する局面での意思決定です。特に海外企業と接する時は、それを痛感します。

海外の展示会などで、日本に未上陸だけれど現地での評価が高いサービスを見つけたとしましょう。提携の話を持ちかけ向こうも興味を示したとします。しかし、こちらが日本の企業だと伝えるとほとんど必ず、意思決定の遅さを懸念されます。会社によっては「以前、別の日本企業にずいぶん待たされた。もう懲りましたよ」と、露骨に敬遠されることもありました。「日本の会社は決断が遅いからダメだ」――。多く

の海外企業がそういうイメージを持っているのです。しかしその場で「私がトップであり、今この場で決めて契約することもできる」と伝えると、「ああ、それなら」と話を進められるケースが多く見られます。

ＡＩを使って広告のレコメンドなどを行うパーソナライゼーションツールの会社にアプローチをかけた時のことです。まだ日本での知名度は低い会社でしたが、国内を代表する大手商社も買収を検討していたそうで、当社と競合になりかけました。しかしその会社は日本に進出する際、日本における第一号パートナーとして当社を選んでくれました。

その会社が当社をパートナーに選んでくれたのは、やはりスピード感だったそうです。トップがコミットしてその場で決めたこと。ＰｏＣ（Proof of Concept：概念実証）段階でもスピード感を落とさず並走したこと。また、「完璧じゃないものでもいったんリリースして、走りながらバグを解消していく」という姿勢に理解を示した点も高く評価したと言います。当社はまだまだ規模の小さな会社です。しかし競争相手が大企業であっても、スピード感という優位性を活かせば、海外パートナーに高く評価してもらえることを実感しました。

## 欠かせないのはトップダウンとボトムアップの両輪

トップダウン型の意思決定は、何か新しいことを始める時、あるいはドラスティックな変革を行う時にも有効です。

近年、アフリカやアジアなどの独裁国家では、リープフロッグ（カエル跳び）という現象が起きています。リープフロッグとは、途上国や新興国が既存の発展プロセスを経ずに、いきなり最先端の技術を導入・普及させる現象のこと。大幅な技術ステップアップを、カエルがひと跳びでジャンプする様子に例えたものです。これは独裁国家だからできることです。議会制の国家では考えられないスピードで最新テクノロジーを取り入れ、時には個人情報やセキュリティの問題を度外視して、国家全体をシステム化させることができます。議会制民主主義の国家では、ここまでのスピードで改革をするのは難しいでしょう。独裁制は急速な改革が求められる時には有効なのかもしれません。

しかしアフリカやアジアの独裁国家は、官僚組織の腐敗による賄賂の横行など、国家としてかなり深刻な問題をたくさん抱えているケースがほとんどです。やはり、トップダウンだけでは上手くいかないことの証左だと思います。

トップダウンとボトムアップは会社運営の両輪です。どちらかが欠けても成立しません。筆者は、意思決定はトップダウンで、日々の運用はボトムアップで進めるのがいいと思っています。

## リアルとデジタルの両面からコミュニケーションをとる

ボトムアップで進めていくために重要なのが、一次情報を集めること。つまり社員の意見を直接聞くことです。基本は、ディレクターやマネジャーなど管理職に社員の意見を集約してもらっています。一方で彼らの主観が入ってしまうような事案では、客観的な情報やもう少し粒度の細かい情報がほしい時もあります。そういった時はスピードや正確性の面から考えても、自分で一次情報を収集したほうが合理的です。

そのため、なるべくたくさんの社員と話をする機会を設け、リアルとデジタルの両面から社員とコミュニケーションをとるようにしています。例えば、日々のクライアントとの打ち合わせです。筆者は、社長となった今でも、クライアントとの定例会や打ち合わせに、定期的に同席しています。これが週に2~3回程度。行き帰りの道すがら、会社に対する意見や要望、今社員が気になっていることなどを聞くようにしています。

また、社員の本音や率直な感想を聞く場として重視しているのが、「寿司パーティー」です。当社では3カ月に1回、オフィスに寿司職人を招いて全社的にパーティーを行っています。業界柄、年間のメリハリがあまりなく、1年を通じて忙しいため、3カ月に1度の区切りを意識的に作って寿司パーティーで交流を図る目的なのですが、様々な社員とお寿司を食べながら、ざっくばらんに会話をする貴重な機会になっています。食事をしながらの会話では、普段あまり出てこない本音を聞けることも多く、重宝しています。

逆に、面と向かって言えないような意見を集められる機会も設けています。定期的に実施している全社アンケートがその1つで、もともとは採用に役立てるため、社員の満足度調査や意識調査を行っていたのですが、現在は様々な用途で実施しています。最近では「Wevox」というサービスも導入しました。組織の健康診断を行え、匿名での要望などが取得できる点が気に入っています。署名入りだとなかなか本音を明かしてもらえませんが、匿名だといろいろ書けるものです。そのため、毎回のアンケートでは設問に対する回答はもちろんのこと、実に様々な声が上がってきます。例えば「前回のあの制度はあまり良くなかった」「この間の、この施策は納得がいかない」など、耳に痛い意見も出てきますが、筆者だけでは気づけないような指摘や見解も多く、貴重な意見を集められています。

変わったところでは、「人事アンケート」を会社のポータルサイトに常設しています。ちょっとした「デジタルを用いた目安箱」のようなもので、アンケートフォームを作り、社員がいつでも疑問に思ったことを書き込めるようになっています。そこに人事に関する疑問や質問はもちろん、職場環境の改善要望など様々なトピックを書き込んでもらうのです。寄せられた疑問や質問に対して、筆者は1つひとつ答えていきます。

社員からの要望や意見は、会社が課題を多く抱えているフェーズでは、目に見えて分量が増えるものです。多い時は毎週1本程度のペースで上がってきて、1つひとつに答えるのが大変だった時期もありました。逆に課題が減って会社が安定すると、目に見えて問い合わせの数が減ります。現在は月に1本程度と、かなり少なくなりました。それでも面と向かって言いづらいことはあるはずです。そういうことを本音ベースで話し合うための仕組みとして活用しています。

## 若い世代ほど感謝や承認、称賛の頻度と質を重視する

少し前まで、前述のようなやりとりはストレージ内の共有ファイルで行っていましたが、最近、面白いツールを導入しました。

「サンクスギフト」という社内SNSシステムです。Take Action社が提供し

ているサービスで、社員同士が「ありがとう」とか「助かりました」といったメッセージを気軽に伝え合うための仕組みです。そこに組織サーベイやアンケート調査、掲示板機能など様々な機能が追加され、社員同士のコミュニケーションを総合的に深化させるのに役立つツールになっています。

第1章でも触れましたが、もともと当社では、お互いに感謝や称賛を伝え合うことを重視していました。2017年から始めた取り組みで、社内の共有スペースにコルクボードを置き、上司や部下、同僚への感謝や称賛のメッセージを紙に書いて張り、お互いに伝え合っていたのです。これはあくまで感覚知なのですが、筆者のような、いわゆる就職氷河期より上の世代、つまり40代より上の層は、仕事において褒められるという経験がほとんどありませんでした。そのせいか、筆者も含めて40代より上の管理職は「褒め下手」が多いようにも思います。仕事だからやって当然、小さな承認や称賛などハナから期待していない。むしろ、ちょっとしたことで褒められるほうが気恥ずかしい。褒めるなら、大きな成果を上げた時に大きく褒めてほしい。今もそういう人が少なくないのではないでしょうか。

一方、今の20代はＳＮＳ時代のど真ん中で育っています。幼い頃から、ちょっとでも良いとも思ったらすぐに「♡ボタン」を押し、「いいね！」を共有します。気軽に、そして頻繁に承認する、承認される環境で育ってきたのです。

筆者たちのような世代でも、褒められたくないわけではありません。仕事で認められたいと思うのはどんな世代でも同じですが、筆者たちの世代はつい、承認や称賛を〝質〟で捉えがちなのです。ところが最近の若い世代は違います。彼らは〝タイミング〟と〝頻度〟を重視しているのです。筆者たちのような世代は、自分たちがそのように育てられていないからか、若手に対して気軽に「いいね！」と言ったりしません。しかし、若い世代と接する時に忘れてはならないのは、良いと思ったことはすぐにその場で、「いいね！」と返すこと。その数が多ければ多いほどいいでしょう。称賛が具体的であればさらにグッドです。

しかし、かつての当社がそうであったように、称賛の重要性が伝わりづらい職場だとそういう空気や雰囲気になりません。何とかしてお互いに感謝や称賛を伝え合う仕組みを作れないものか――。そう思って始めたのが「コルクボード」を使った仕組みでした。この制度は、若い世代ほど、「いいね！」と言ってくれたのをよく覚えています。アナログだったコルクボードはやがてファイル共有というデジタルになり、現在はサンクスギフトという社内ＳＮＳツールに形を変え、今の社内コミュニケーションの軸になっています。

## 「コイン」で感謝や称賛を伝え合う仕組み

サンクスギフトはその名の通り、サンクスカード（ありがとうカード）でメッセージを送付できる社内ＳＮＳです。秀逸なのは「コイン」という仕組みです。簡単なメッセージを添えてあらかじめ設定されたコインを贈ることで、素早く気軽に気持ちを伝えることができるのです。コインの種類は自分たちで設定することができます。現在の当社では「ありがとうコイン」や「いいね！コイン」「ナイスアイデアコイン」のほか、「ペンギンコイン」「挑戦コイン」「はやっ！コイン」など、オリジナルコインを作って運用しています。社員のちょっとした行動に対して、可愛いイラストとともに感謝や称賛の意思を伝えられ、とても便利です。

こうしたシステムは、導入直後は使われてもしばらくすると使われなくなったりするものです。運営企業からも「導入後の最初の3カ月が重要です」というレクチャーを受けました。また、導入に成功している企業の共通項として、「管理職が率先してやっている」という話がありました。それには一定の納得感がありました。上司が見向きもしないシステムを、部下が積極的に活用するわけがありません。

当社では、管理職にコインの目標を課しています。特にディレクターは毎月、最低でも60枚のコインを贈る必要があります。実際、ディレクターたちがコインを贈ると、その下のマネジャーたちもコインを贈るようになりました。マネジャーたちが使うようになると、現場メンバーの流通量も目に見えて増えていきました。管理職の使用量に比例して、社内のコインの流通量が増えていくのです。

現在では完全に定着して、ほとんどの社員がこのツールを活用しています。コインは獲得して終わりではなく、サンクスギフトが提携しているアマゾンギフトカードに変換したり、ＳＤＧｓに取り組む団体へ寄付型クラウドファンディングとして応援を

**図表5-1** お互いにコインを送り合う「サンクスギフト」を活用

サンクスギフトは、今やアドフレックスに欠かせないコミュニケーションツール。お互いに送り合うコインは、あらかじめメッセージやイラストを設定できる。ふと気がつくと新しいコインが設定されていることも。直近では「挑戦コイン」が追加された。

送れたりできます。

最近、ある新入社員から「このシステムで救われた」という声を聞きました。入社当初から「自分だけ仕事ができていない」「私はみんなの足を引っ張っている」という感覚に苛まれていたそうです。

その新入社員はある時、「上司や先輩から『ここが良かったよ』とコインをもらい、自分は会社にいていいんだと思えるようになりました」と言っていました。この話を聞けただけでも、サンクスギフトを導入して良かったと思いました。

また掲示板機能も大いに活用しています。現在は2週間に1回くらいの投稿ですが、今気になっていることや、会社のこれからのことなど、雑談も含めて情報発信をする場になっています。

直近では筆者から「メールに『返信は必要ありません』と書くのをやめませんか？」という問題提起をしました。もらったメールとは別件だけれど手短に伝えたいことがある時、「返信はいりません」と書かれていると、コミュニケーションを拒否されたような気になってしまいます。「社内に対してはそこまで気にしないけど、クライアントや社外の人に対してはなるべく書かないようにしませんか」と書き込んだのです。賛否両論が出て、社内で議論をする良いきっかけになりました。

サンクスギフトは、こうした忌憚のない意見を交換できる場になっています。そのため、以前はエクセルで行っていた本音ベースで語り合う人事アンケートも、こちらの掲示板に移行しているところです。

## 主体性を持って取り組んだ人を顕彰するＭＶＰ

このサービスを導入して会社として一番大きかったのは、毎週金曜日の朝９時半に管理職が集まって、コインを贈りたい人たちのポジティブな動きについて情報交換を始めたことです。その週に、どの人がどんな動きをしていたかを言語化して共有しています。その結果、「部下の足りないところや課題ばかりに目を向けるのではなく、良いところは良いと認めることが大事だ」と、みんなの姿勢が変わったのです。これは大きな成果でした。

この変化は、月に1度、ＭＶＰを選出する時の選考会でも役立っています。ＭＶＰは２０１７年から始めた制度で、毎月「主体性を持って仕事に取り組んだ人」を数名、選出し、表彰しています。選考方法は、ディレクターとマネジャーによる推薦です。ここで、毎週金曜日の朝の情報交換が役立つのです。

最終的な受賞者は、候補者の中から筆者が選び、月次会議で全社に向けて発表します。１人ひと言ずつ、また上司からもひと言コメントをもらっています。

ＭＶＰに選出されると、副賞が付いてくるのが特徴です。昼休みの1時間の追加（通常1時間に1時間を加えた合計2時間の休憩）と、３０００円のランチ券です。昼休みが2時間あると、少し遠出ができます。例えば、当社がある浜松町から築地へ行き、少し豪華な美味しいランチを食べて帰ってくることもできます。ただし、この副賞は選出されたメンバーで次の全社会議までに一緒に使わないと消滅し、持ち越しはできません。受賞したメンバー同士での交流を図ってもらいたいという狙いです。

惜しくも受賞を逃したＭＶＰ候補者の名前と推薦理由は、エクセルの一覧表にして全社に公開するため、マネジャー陣は推薦理由をいい加減に書くことができず、なかなか大変だと思います。しかしこの仕組みを導入したことで、管理職は常に自分の部署だけでなく全社的に注意を払ってくれるようになりました。

実際、彼らに話を聞くと、管理職同士で社内の頑張っている人を紹介し合うことで、より高い視座と広い視野を獲得できるようになったと言います。

## 「会社をよくするプロジェクト」から出てきた生理痛の体験研修

当社には、社員が自ら考え、提案してくれたおかげで実現できた制度や取り組みも数多くあります。アイデアの出どころはディレクター合宿だったり、全社会議だったり、サンクスギフトの掲示板だったり様々です。

中でも面白かったのが、社内の有志数名で構成した「会社をよくするプロジェクト」でした。これは2022年10月頃から始めた2カ月ほどの短期プロジェクトで、5名の座組を3組編成して、会社の在り方や個々人の働き方、どういう制度があると便利かなど、様々なテーマで議論してもらいました。筆者はほとんど口を挟まず、議事録を取るだけでした。

例えば「良い会社とは何か?」というテーマでは、「ゆとりがあるほうがよい」「たくさんの休みがほしい」という意見があれば、「それなら人を増やさないといけない」「人を増やすと人件費がかさむ。それはどうする?」といった反論が出ます。すると「そもそもゆとりとはどこから生まれるものか？　仕事の量や質なのか、働き方の問題なのか」「会社として生産性が落ちて利益が減ったらどうする？」といった捉え直しも多数出てきました。

その中で、男性と女性の違いを議論する回がありました。女性には毎月生理があって、月の5営業日くらいは常に苦しみながら仕事をしている。そもそも、その時点で平等じゃない、という意見が出たのです。確かにそうかもしれない。だけど、男性には生理痛のつらさが分からない。議論は一度そこで流れたのですが、筆者は自宅に帰って、妻に何となくその話をしました。すると彼女が、テレビで見た「生理痛を疑似体験できる装置」について教えてくれたのです。

早速、奈良女子大学の佐藤克成准教授に連絡をとり、生理痛を疑似体験できるVR装置「月経痛体験システム」をお借りして、生理痛体験研修を実施しました。参加したのは男性社員24名、女性社員5名。まず佐藤先生の講義を受け、その後、VR装置による疑似体験という流れです。腹部に電極パッドを装着すると電気が流れて腹筋が収縮し、月経の痛みを再現できるというものでした。筆者も体験しましたが、これが

## 図表5-2 VR装置を使った月経痛体験研修の様子

腹部に電極パッドを貼り、4段階の電流の強さ（40%、60%、80%、100%）を体験できる。

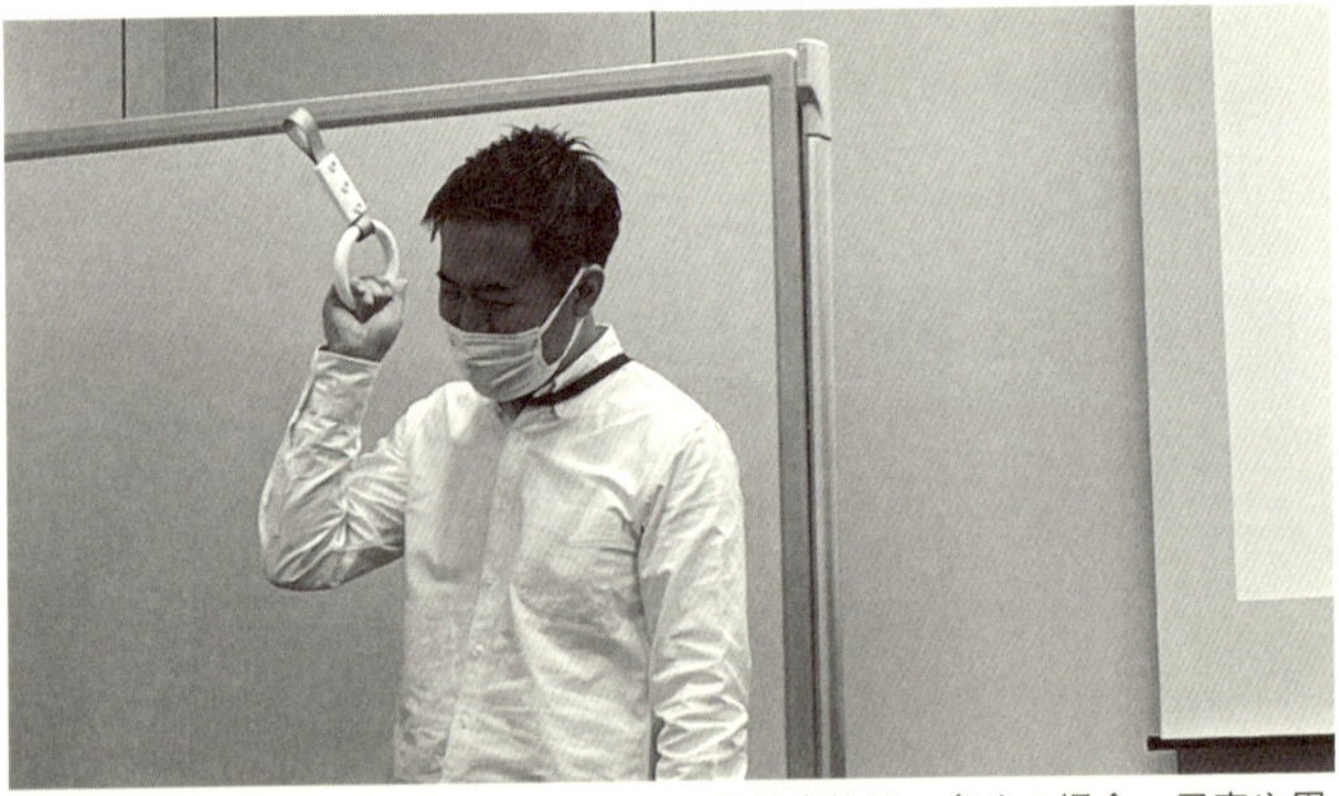

腰痛、頭痛、貧血、感情の不安定などの月経症状は、多くの場合、子宮や周りの血管の過剰な収縮が原因。EMS（電気筋肉刺激）によって腹筋を収縮させることで生理痛を再現する。

かなりつらいのです。4段階の強弱があるのですが、一番弱いものですら、思わず「うっ……」声が出てしまうほどに締め付けられる苦しさがあるのです。男性に分かるように例えて言うなら、腹痛で下痢をしている状態がずっと続いている感じでした。しかし、同じくVR装置で体験した女性陣からは「こんなもんじゃない」と言われ、自分たちの認識の甘さを痛感させられた次第です。

このような社員研修のアイデアは、筆者からは絶対に出てこないものです。しかし「会社をよくするプロジェクト」のおかげで、非常に貴重な体験をさせてもらいました。この研修は結局、女性だけ月に1回、余分に有給休暇を取ることができる「F給」制度の導入につながっています。

## スーパーフレックスタイム制度にすると、社員は仕事をサボる?

他にも、社員からの要望で導入したものにスーパーフレックスタイム制度があります。創業以来、当社は9時半に始業、18時半に終業でしたが、2015年からフレックスタイム制度に変更しました。当時は時差出勤を認めるものでしたが、2024年に本格的にスーパーフレックスタイム制度を導入。完全に個々人の裁量に任せる形にしています。

具体的には、何時に働いて何時に帰っても構いません。リモートワークもOKです。ただし深夜残業は不可で、夜22時から朝5時以外なら、どのように働いても大丈夫です。月間の稼働時間は160時間で、残業時間の上限は45時間。極端な例としては、今日は1分だけ働いて、明日17時間働いてもいいのです。スーパーフレックスタイム制度については、多くの社員から要望がありました。時差出勤だけでは、お子さんを病院に連れて行く、あるいは学校に迎えに行くといったことに対応できないのです。

導入にあたって、2つのリスクが考えられました。1つは、「みんな、勤務がルーズになるのではないか？」。もう1つは、逆に「残業時間をコントロールできず働きすぎるのではないか」。その心配から、ディレクター合宿でも懸念が出て、しばらく見送られていたのですが、コロナ禍をきっかけに試験的に導入してみようということになりました。仮にもしサボる人がいればその個人に指摘すればいいし、働きすぎてしまう人も同様です。少数の懸念やリスクのために、真面目に取り組む大多数が利益を享受できないのはアンフェアだということで、3カ月ほど取り入れてみたのです。

結果としては、すべて無用な心配でした。実際に運用を始めてみると、全社員が自分で上手にコントロールできていることが分かったのです。

むしろ、メンタル面での負担が減るなどメリットばかりでした。時差出勤とはいえ出勤時間を定めてしまうと、わずか5分の遅刻でも「遅刻」と打刻しなければなりません。そうした細かい事務手続きから完全に解放されることになりました。電車遅延を理由にした待ち時間でイライラすることもなくなりましたし、遅刻の承認や事務手続きなど、管理職の負担が大きく軽減されたのも良かった点です。結局、定時に出社してもサボる人はサボるし、ちゃんとアウトプットできる人は拘束時間を取り払ってもしっかりと成果を上げてくれます。子育て世代の女性社員が時短勤務を選ばずにフルタイムで働けるようになったのも、スーパーフレックスタイム制度のおかげであり、もっと早く導入しておけば良かったと思う制度の1つです。

## その他、社員のための様々な福利厚生

当社では、他にもたくさんの福利厚生や社内制度を導入しています。ここからは主だったものを簡単に紹介していきたいと思います。

### ●ワーケーション制度

これもコロナ禍の期間に導入した制度です。ワーケーションとは、ワーク（仕事）とバケーション（休暇）を合わせた造語で、リモートワークなどを活用しながら、職場や自宅以外の場所で仕事をしつつ、自分の時間も過ごすという働き方のことです。

年に1回ほど実施しています。初年度は、選抜された社員と人事と人事責任者で函館に5泊しました。初日は全員で全社的なテーマについて、残りの4日間はホテルの部屋などで仕事をする形にしました。すると「ホテルに籠もって仕事をするのは寂しい」「交流がないので孤独だ」という意見が多く出たため、翌年は熱海に4泊にしましたがやはり「寂しい」「期間が長すぎる」といった意見が出てきて、現在は年に1

回、1泊程度の長さで実施しています。

## ●飲み物、朝食、軽食すべて無料

オフィス内での飲み物や朝食、軽食はすべて無料です。朝食や軽食は、社内に「ベースブレッド」などのパンやスナックを置き、いつでも手に取れるようにしています。コーヒーやお茶などの飲み物もすべてフリードリンク制です。

## ●ランチ補助制度

社員2人以上でランチに行く場合、月10回まで1人あたり1000円を補助しています。社員同士の親睦を深めるのが目的です。在宅ワークが多い人も、研修などで出社した時にこの制度を活用しているようです。

## ●オフィスおかん

社内で一人前のお惣菜を1パック100円で販売します。サバの味噌煮や肉じゃが、ひじきの煮付けなどです。誰でも利用できる仕組みで、夜食にしてもいいし、休日のお昼ごはんにしても構いません。半年ほど運用してみたのですが、どうも利用しているのはごく一部の人だと分かったので、こちらは廃止にしました。

**●引っ越し一時金**

入社時に引っ越しした場合、一時金として10万円を支給しています。ただし都心部の1都3県（東京・神奈川・千葉・埼玉）を除く地方出身者限定です。

**●F給**

「会社をよくするプロジェクト」から生まれた制度です。女性のみ月1回、有給休暇を余分に取ることができます。

前述のVR体験装置で生理痛のつらさを体験した男性陣で、この制度に反対する人はいませんでした。

### ●家賃補助制度

会社から半径5キロ圏内のマンションやアパートを借りると、月5万円の家賃補助を行います。それ以外は月3万円。期間は最大で5年間（厳密には4年11カ月）で、S職になると月額5万円の補助が3年間延長されます。

### ●ハッピーキッズ休暇

子どもの誕生日に特別休暇を取得でき、食事券1万円×家族人数分をサポートしています。ただし、誕生日を迎える子どもは9歳までが対象です。

### ●オフ活補助制度

「オフ活」は「オフの活動」の略で、社員に「営業時間内にサボること」を奨励した制度です。営業時間中に美容や健康、あるいは娯楽などに時間を使う場合、それに対し3000円を補助するというものです。

筆者自身も経験があるのですが、真っ昼間など営業時間中に映画を見に行ったり、美容室で髪を切ったりすると、いつもと一味違う優越感や開放感を味わうことができます。筆者は若い頃から特にそうで、嫌なことがあった時などの気分の切り替えに映画館をよく活用していました。午前中にすごく嫌なことがあった時、午後一番で映画館に行くのです。そこでは〝合法的に〟携帯の電源を切ることができます。そして2時間、たっぷりと誰にも邪魔されることなく、映画を楽しみます（実際には始まる前、予告編の段階から爆睡しているケースも多かったのですが）。

わずか2時間の〝サボり〟で手早く気持ちを切り替えられ、「後ろめたさを感じながら、また仕事に戻ろう！」と思ってくれることを願って、この制度を作ろうと試験的に導入してみました。ひとまず3カ月ほどの試験運用でしたが、非常に評判が良かったため期間を延長することにしました。現在は適用範囲を広げ、映画や散髪だけでなくネイルや痩身、脱毛なども含めることにしました。

最近は、新制度のアイデアが「氷上会議」と命名された全社会議から上がってくることも増えました。オフ活制度もその1つです。こうした福利厚生制度は今後も、社員の声を聞きながらどんどん充実させていきたいと思っています。

ちなみに「氷上会議」という名称も社員から出てきたアイデアです。全社員をペンギンに見立てたネーミングになっています。

## 経費のコストカットは、社員に任せる

「こんな手厚い福利厚生制度の原資は、どこから来ているんですか？」

時折、社外の方からこう聞かれることがあります。もちろん会社の利益の中から出しています。余剰利益をインセンティブなどの形で社員に直接還元するのも手だと思いますが、筆者は福利厚生を手厚くすることで、社員の頑張りに報いるのも悪くないと思っています。

また、社内の余分な経費を見直すことで原資を捻出することも可能です。当社の場合、全社員に「社内の経費をコストカットできた場合、削減分の3割相当を社員に還元する」と伝えています。この宣言を行った結果、社内の様々な場所で、経費の見直

しが日常的に行われるようになりました。例えば、軽食の無料サービスで「このパンを食べる人は多くないから、キャンセルしよう」とか「この消耗品はこっちのほうが安いから、こっちを買うことにしよう」といった感じです。

他にも、つい先日までは全社員にオンライン会議システムのアカウントを発行していたのですが、運用状況を精査してみると、頻繁に利用しているのはごく一部だけだということが分かりました。そのため全員への発行をやめ、共有アカウントにすることで経費カットに成功しました。

社内の経費削減は、経営側が大所高所から見ていくのも良いと思いますが、やはり現場で実際に使っている人の視点が一番頼りになります。自分たちに利益が還元されると分かっていればみんな積極的に動いてくれるものです。当社では「なるべく無駄をなくそう」という考え方が1つのカルチャーになりつつあり、聖域なき改革が自律的に進むようになりました。

ある朝、総務担当者から筆者にメールが届きました。「社内に導入している有料ストレージサービスを見直した結果、利用しているのは桑畑さんと、その他わずか数名だということが分かりました。そのため、別サービスに移行することにします」。個人的にかなり愛用していたサービスだったため、総務担当者と交渉しようと思ったのですが、「これで○○万円浮くことになります。なお、このサービスは今月いっぱいで使えなくなってしまいますので、データなど早めに整理しておいてください」と通告されました。

具体的な金額まで提示されると、筆者もお手上げです。果たして翌月になると、しっかり使えなくなっていました。聖域なき改革とは、恐ろしくありがたいものだと実感しました。

## どんな制度も「7割が賛成」ならGOサイン

このような社内改革には、反対がつきものだと思います。経費削減を提案しても「少数派かもしれないけど、必要なものだから」「便利なものだから」といくらでも言い訳はできるものです。しかし、全社員の意見を集約していると先に進めません。全員に聞けば大抵は意見が三者三様に分かれるもので、落としどころを探ろうと思えば、時間も手間もかかります。

筆者はポリシーとして、7割が賛成することであればGOサインを出すことにしています。残り3割の方々には申し訳ないのですが、少数派の意見で多数派のメリットを奪うのはフェアではありません。

家賃補助制度を導入する時は「持ち家は不利だ」と反対する意見がありましたし、ハッピーキッズ休暇の「対象は9歳までだから、子どもがすでに9歳以上の社員には不公平です」という声もありました。確かに、その制度だけを見れば不公平です。筆者自身もそう思います。しかし筆者は、1つひとつの制度は公平でなくてもいいと考えています。個々の制度は、恩恵を受けられる人が偏っていても構いません。逆に、1つの制度ですべての人に分け隔てのない制度では、個々人が享受できる恩恵が薄く引き延ばされ、あまり効果を発揮しないものです。得てして、そういう益も害もない当たり障りのない制度は、やがて「誰のための制度か分からないけど取りあえずあるもの」となり、結局誰も利用されない制度として埋もれていきます。ある人は家賃補助制度で恩恵を受け、ある人はハッピーキッズ休暇のメリットを享受する。別の人はオフ活補助制度を満喫し、また他の人は朝食無料制度やランチ補助制度によって生活が助かる。無理に公平にしなくてもいいと考えています。

いびつな形状のレーダーチャートをたくさん重ねた時、最後に正多角形になって全員をカバーできている。それが理想の状態です。トータルで見た時、みんなが何らかの形でメリットを享受できていること。それを実現することこそ、重要なのだと考えています。

## 合理的な働き方は、決して楽ではない

業務はすべて可視化されているので合理的な働き方ができ、人事や評価制度は透明で社内の風通しは良く、福利厚生も手厚い――。もしかしたら、当社は読者の方々の目には、非常にぬるい会社に映るかもしれません。

しかし実際には、福利厚生などメリットを享受したいだけの、義務と権利を理解さ

れていない人にとってはとても居づらい会社だと思います。仮に福利厚生制度をできる限り利用し尽くし、仕事は適当にこなす社員がいたとしましょう。その人はまず、ことあるごとに他の社員から「それで大丈夫ですか？」という問いを突きつけられることになります。日々の業務においても、合理的な業務のつらさを実感するでしょう。すべての業務が可視化されているということは、すなわち、だらだら残業が許されないということです。また、ほとんどの工程が切り出されているということは「その作業はこの時間内に終わらせられるはずだ」と数値化されている状態ですから、「キャパオーバーです」という免罪符を使いづらくなります。

合理的な働き方は、意外とつらい部分があります。

とある女性マネジャーは、入社したての頃、資料作成に時間がかかっていたそうです。見かねた上司がタイマーを買ってきて「この作業は30分ね」と時間を設定、彼女は毎回スイッチを押してもらいながら資料作成していたと言います。現在の彼女の実務能力の高さやスピード感からは、とても想像できないのですが、合理的な働き方の会社にはこうした厳しさがあるのもまた事実です。しかし彼女は、「あの時、すごく鍛えてもらいました。上司がいなければ今の私はないと思いますし、感謝してもしきれないくらいです」と言ってくれています。

今、当社の社員はみんな、非常に高い主体性と自律性を持って仕事に取り組んでいます。その根底にあるのは、これまでの改革などで育まれた3つのカルチャーです。

次の章では、筆者たちが実現したい働き方や会社の在り方、これから目指すところについて解説していきたいと思います。

第6章

# 本来、「働く」とは楽しいこと

## 会社を支える3つのカルチャー

2017年に社長に就任して以来7年間、様々な改革を進めてきました。大きな失敗もありましたが、SEM事業への転換や業務の可視化、社内の制度改革など一定の成果を上げられたと思っています。中でも大きいのは、会社にカルチャーが定着しつつあることです。当社を象徴するカルチャーはいくつかありますが、大きなところでは3つになります。

**①自分の領域を決め込まず、やれることを広げよう**

現在の当社に「自分の部署はこうだから」「私のクライアントはこうだから」「私は経理だから」と部署や顧客、職域を口実に仕事を抱え込む人はいません。ディレクターやマネジャーなど管理職もセクショナリズムとは無縁で、日常的に社内横断的な議論が行われ、必要とあれば組織の垣根を越えてお互いに助け合います。

## ②情報は抱え込んでも仕方がない。みんなと共有しよう

自分が知っていること、誰かに教えてあげられることは隠さず、みんなと積極的に共有しています。新規営業チームでは毎週1回、夕方に集まって「こういう営業の仕方をしたらお客様の反応が良かった」「今度、こういうやり方をしてはどうだろうか」と情報交換をしています。これはディレクターや管理職など上司が押し付けた集まりではなく、自然発生的に生まれたものです。みんな、ナレッジ共有をすることの重要性を知っているのです。

## ③仕方がないと諦めず、正しいことを合理的に進めよう

社員全員が「仕事は合理的に進めたほうが良い」という考え方にコミットしています。例えば、ある作業を時給単価2万円の社員がやっているとします。その作業を時給5000円で外注できるなら、外に切り出してしまったほうが合理的です。かつての当社では「その社員の仕事がなくなってしまう」「仕事を取り上げられた人は何をすればいい？」と、反対されたことでしょう。しかし、今はそういう議論が一切起こ

りません。「だったら外注してしまいましょう」と、正論に基づいて仕事を進めることができます。「仕事がなくなったらどうすればいい？」という疑問に対しては、全社員が「手が空いた分、別の価値を生み出す仕事をすればいい」と答えるはずです。経費削減のために「なるべく無駄をなくそう」という共通認識も、1つの合理性の表れだと思います。今や当社に「そういう業界だから」「こういう商習慣だから」と思考停止する社員はいません。物事を変えない姿勢については、「ダサい」「仕事をしていない」とする雰囲気があります。そして、こうしたカルチャーに従って前に進もうとする人に対しては、会社全体がサポーティブに動きます。新しいことに挑戦して困っている様子が見られれば、違う部署の人でもごく自然に「大丈夫？　何か手伝おうか？」と声をかけます。正しいことをやる勇気を出せずにいる人がいればみんなで勇気づけて、必要があれば手伝ってくれるのです。

## 会社の文化に合わせて理念を再設定

2022年、会社の理念を新たに設定し直しました。

それまでの理念は「For your success」でした。クライアントの成功のために、といった意味です。これをディレクター合宿などで協議した結果、次のものへと変更しました。

情報の差をなくしてビジネスをもっとよくする

これは、クライアントとメディア、あるいは地域と都市部、職業選択などにおける情報格差の課題に切り込み、お互いにフェアな判断ができるビジネスの輪を広げていく。そういう思いを込めた理念です。

筆者たちはもともと広告代理店ですが、会社として自分たちの領域を決め込むのではなく、企業のDXや業務の可視化、情報格差などの課題を解決できる会社になっていきたいと思っています。

主目的は「クライアントの事業拡大の支援をすること」です。デジタルマーケティングという領域は筆者たちの得意分野で、事業の主軸となる部分ですが固執はしません。デジタルマーケティングは、あくまでも手段の1つでしかないからです。筆者たちが「事業拡大するためにどういう支援が必要か」を社内で考え抜いた結果、もし「我々がラーメン屋に転向するのが最善の選択である」という結論に達したら、ラーメン屋への事業転換をしてもいいと思っている会社です。

今、社員の中に「デジタルマーケティングだけをやっていたい」という人は多くないと思っています。営業で採用した人でも、一緒に働いてみて「この人は開発のほうが向いている」と思えば職種転換を提案します。

実際、社内には経理で入ったのに開発に行った人や、逆に開発からスーパーバイザーに転向した人もいますし、こうした経験は、長い目で見た時に本人のバリュー形成に大いに役立つと思っています。

## キャリアプランで自分の未来を決め込むな

日頃から社員に伝えていることの1つに、「キャリア形成を意識しすぎるな」というものがあります。若い時に、まだ業務経験や知識が浅い状態でキャリアを夢想するのは、かえって危険だからです。

20歳前後の人に、「10年後、あなたが30歳になった時、どんな働き方をしていたいか」をイメージしてもらったとしましょう。自分の10年後を明確に、具体的なキャリア像を描写できる人は、そう多くないと思います。

「マネジメントの仕事をして年収1000万円くらい」とか「IT系で起業して、こんな感じで働く」など、漠然としたイメージしか持てないのではないでしょうか。少なくとも筆者はそうでした。

もちろん、そうでない人もいます。若い頃から明確なビジョンがある人もいるでしょう。そういう人はキャリア形成などイメージせずとも、すでに目標に向かって動き始めているはずです。

しかしそんな人はまれで、俗に〝天才〟と呼ばれるような、ごく一部の方々だけでしょう。大半の人はそうではありません。それなのに会社も社会もそれを強要します。

「こうなってるといいな」「ああいうふうなれたらいいな」程度のイメージに過ぎないものを「それがあなたの人生計画です。必ず実行してください」と固めさせられるのです。これは、はっきり言って弊害しかないと思います。何も知らない大学生のうちからそんな計画を決めさせられても、仕事が順調ではない時やふと立ち止まった瞬間に「こんなはずじゃなかった」「これは本当にやりたいことじゃない」「自分は上手くできなかった」とギャップに苦しむだけです。

そもそも時代や環境は常に変わっていきます。筆者たちが若い頃には、ＲＰＡや業務用ＡＩなどありませんでした。もちろん生成ＡＩなど夢の産物です。概念としては知っていても、ここまで実用化されるとは想像すら及ばないことでした。しかし今は、これらの実装化が当たり前になりつつあります。ビジネスパーソンとして求められる資質やスキルは、テクノロジーの進化や環境の変化とともに移り変わっていきます。筆者が若い頃に喧伝されていた「これさえ身につければ大丈夫」というビジネススキルや業務知識、ノウハウは、ものの見事にコモディティ化してしまいました。

下手なプランを作って現実とのギャップに苦しむくらいなら、あるいは様々な可能性を自分の手で葬ってしまうことになるくらいなら、目の前にある仕事に150％の力で打ち込んだほうが、よほどいいと思います。そのほうが、確実に実力がつくし、全力で頑張った経験がどこかで結果につながるからです。

## 「やりたくない仕事」は本当に無価値なのか

どこでどんな経験が役に立つか、将来どんなスキルが求められるかを客観的に見定めるなど至難の業です。少なくとも、筆者にはできないでしょう。

しかし、これは自戒を込めて言うのですが、人は時にそれを忘れて、「こんなの、自分のやりたいことではない」と投げ出しがちです。

つい最近、筆者はそれで大いに怒られました。社長に就任してから、クライアントとゴルフをご一緒させていただく機会が増えています。筆者はもともとゴルフが得意ではなく、練習をしてもあまり上手くなりません。しかし仕事のうえでは、一定のゴルフスキルが求められています。クライアントとラウンドを回る時もそうですし、場合によっては、プロアマ戦（プロゴルファーとアマチュアの混合チームで行われる大会）に出場する機会もあります。筆者のスコアは120くらい。お世辞にも上手とは言えないレベルです。いえ、全く話になりません。

そんなこともあって、先日久しぶりに前述のメンターの方にお会いした時に、思わず、「ゴルフってビジネスにプラスになるんでしょうか？」と、愚痴をこぼしたのです。

すると彼はしばらく考えたあと、こう諭してくれました。

「今、あなたとゴルフに一緒に行ってくれる方々は、日本を代表する大企業の役員を務めるような方でしょう。会社の創業期にそういう人をゴルフにお誘いしても、相手にされなかったはずだ。あなたは今、そういう人たちとゴルフができるステージに立てている。つまりあなたの会社の社格が認められたというわけだ。それをちゃんと分かっていますか」

彼の言葉は、創業時から苦楽をともにしてきたからこそ、ハッとさせられるものがありました。彼の言う通り、当社は創業当初は世間から全く相手にされず、幾度となく苦しんだ記憶があります。そう考えるとゴルフという社交場にようやく参加できる権利を得られたと考えることができ、非常に前向きに苦手分野に打ち込むことができました。筆者は早速ゴルフセット一式を買い直し、今は週6で朝の出勤前に練習をしています（半年後、ようやく練習の成果も出て、100を切るレベルになってきました）。

もし彼の忠告がなければ、投げ出していたかもしれません。その結果、大きな機会損失につながっていた可能性もあります。彼は現在80歳近くで、引退されてずいぶん経ちますが、会社のことや自分のキャリアのことなど、ことあるごとに相談してしまいます。その都度、辛抱強くアドバイスをしていただき、彼がいなければ、筆者はとうに道を見失っていたことでしょう。

## デジタルマーケティングを〝手に職〟にしてはいけない

筆者が、社員によく伝えていることに、「広告やデジタルマーケティング業務で得たスキルが〝手に職〟になると思わないでほしい」というものがあります。広告やデジタルマーケティングの業務に就くと、様々なスキルや知識が身につきます。例えば、SEMの広告運用スキルやクライアントとの折衝能力、あるいは営業としての交渉力や新規開拓能力などなど……。しかし、言葉を選ばずに言うと、こうしたスキルには大した価値はありません。どんな人でも1～2年頑張れば習得できる能力だからです。現在のデジタル広告市場は、日本だけでも2兆円規模です。この業界に従事している人の数は数千数万人単位。世界規模で見たら、途方もない数の人が関わっている業界です。現場のスキルという意味で、すでに希少価値など皆無です。

それでは、どんな能力なら価値があるのでしょうか。

重要なのは、「高い視座と広い視野」を持っていることです。そのうえで問われるのが、仕事をどうハンドリングしていくかという「経営の技巧」であり、さらにそこで自分の強みをどのように発揮していくかという「最適化能力」です。これができる人は、どんな場所でもどんな分野でも、コンスタントにバリューを発揮できるはずです。経営者としても、こういう人材には様々な職務を任せやすいものです。当社で働く人にはそういう視座や視野、経営の技巧、そして最適化能力を身につけてほしいと思っています。

筆者は、経営者が果たすべき義務の1つに、「今会社が潰れても、社員が自分で食べていける状態を作り、それを維持すること」があると考えています。

ですから、もし明日、会社がなくなったとして、全社員1人ひとりが外部でどんな評価をされるか、ちゃんと別の仕事に就いて一定の価値を発揮できるかについて、日々マーケットの求人などをモニタリングしているつもりです。

一般的に、会社が10年以上生き残る確率は非常に低いと言われています。多くの会社が10年と持たずに潰れていきます。その一方で、10年後、現社員の中で働き続けている人の割合はどれくらいでしょうか。おそらく95％を超えていることでしょう。ましてや筆者は「雇われ経営者」です。いつクビになるか分からない社長である筆者は、社員に対して10年後を約束できないのです。

2022年、親会社だったトライステージはアメリカのプライベート・エクイティ・ファンドのベインキャピタルに買収されました。当社もグループ会社の1つとしてベインキャピタルの傘下に入っています。筆者はたまたま一定の評価をいただき、今も経営者を続けさせてもらっていますが、いつ任期満了になってもおかしくありません。

そんな筆者ができることと言えば、この会社で働く中で、「どこに行っても食べていける人材になってもらう。どこにでも行ける能力のある社員がこの会社を選んでくれる」こと。これが、筆者が経営者としてできることだと思っています。

## 「伝える力」を身につけた人は、どこでも生き残れる

そのため、今は社内研修に力を入れています。毎月1回ペースで開催し、全社員に参加を義務付けています。営業も開発もエンジニアも、経理や人事総務、広報といったバックオフィスの社員にも必ず参加してもらいます。

2022年から始めた取り組みで、大テーマは「伝える力を養おう」です。年12回、外部から講師を呼び、社外の会議室を借りて丸1日がかりです。内容は講義形式のも

のから実践形式まで様々です。大テーマに「伝える力」を選んだのは、ディレクター合宿などで話し合った結果です。将来的に生き残る人の要件を考えた時に、やはり「潜在的な課題を顕在化させてそれを解決できる人は強い」という結論に達したのです。

デジタルマーケティング業界では現在、検索最大手のグーグルが推奨しているように、ＡＩなどを活用した「業務の自動化」が大きなテーマになっています。少し前まで属人的だった広告業界も、自動化・省人化が進んでいるのです。もちろん日本市場でも同じです。

では、デジタルマーケティング業界の仕事はすべて、ＡＩに取って代わられるのでしょうか。当然、そんなことはありません。人の介在を要する工程は、必ず残ります。しかしそこで求められる人材の要件は厳しくなるでしょう。

どんな人が生き残るのか。そこで求められる要件とは何か――。それが「伝える力」ではないかと思っています。

クライアントを含め周囲の人に対して、自分の考えを適切な言葉で分かりやすく、効果的かつ手短に伝えられること。それがなければ、どんなに素晴らしいアイデアがあっても意味がありません。高い視座や広い視野で事業計画を立てても、潜在的な課題を顕在化できたとしても、上手く伝えられなければ、実行に移すのは難しいでしょう。

自分の考えを上手に伝える力は、最も重要な能力の1つだと思います。社員には最終的に、高い視座と広い視野、経営の技巧、そして最適化能力を身につけてほしいと思っています。しかしこれらは、業務などを通して長い時間をかけて習得していくもの。ですから、研修ではもう少し分かりやすいものに落とし込んでいます。

## 全社員に参加を義務化した社内研修が好評な理由

今の20代には、「自分は伝えるのが不得意だ」と捉えている人が多いように思います。特に大学時代にコロナ禍を経験した25歳以下の人たちに顕著です。彼らは不運なことに、大学の授業のほとんどをオンラインで受講せざるを得ませんでした。大学生活で友人と交流することもなく、アルバイトなどの現場でも他者との接触を禁じられた世代です。そのせいか「コミュニケーションが苦手だ」という自己認識を持った人が多いのかもしれません。

この状況も踏まえ、研修ではプレゼンテーションスキルや会議ファシリテーションなどのコミュニケーションスキルの習得を中心に据えて、講師をお招きしました。

講師派遣会社の方からは「社員の方がこんなに能動的に参加される会社は、他に見たことがない」と言われるほど、みんな積極的なのです。

ある時、社員に「なぜそんなに積極的になれるのか」と聞いてみたことがあります。「必要性を感じていることもあるけど、今のメンバーと一緒だと、やりたいという気持ちが出てくるんですよね」と言っていたのが印象的でした。また、別の社員からは「職種柄、そこまで業務に活かせているわけではありませんが、プライベートで活用させてもらっています」といった声も聞きました。

実は、毎月の研修には、それなりの費用がかかっています。年間で見るとなかなかの数字になるのですが、こういう感想を聞くたびにやって良かったと思います。それは筆者としては、とても幸せなことです。

２０２４年は、「伝える力」から「フィードバック」をテーマに全社研修に取り組んでいます。言いづらいことをしっかりと、顧客に対しても上司に対しても同僚に対してもフィードバックしていく習慣を持つ、という研修です。言いづらいことをフィードバックするのは、非常にストレスがかかることであり、「言わずに済むなら放っておこう」「自分が我慢すればいい」と考えてしまいがちです。しかしながら、これからの社員のキャリアや活躍に思いを巡らせた際、これは非常にマイナスになると憂慮したわけです。

筆者の周囲で活躍している方々にお会いすると、みな共通して、相手が誰であってもしっかりと自分の意思を伝えていることが多いように思います。そして、そういった方々は、伝え方が上手いのです。そのため社員には、フィードバックをする習慣を持ち、どういった言い方で伝えるのが良いのか考える習慣も持ってほしいと思っています。「フィードバックをするのが嫌だ。面倒だ」というのはある意味で自分本位で

## 図表6-1 月に一度行われる全社研修の講師と講座内容の一覧

| 実施年月 | タイトル | 詳細 |
|---|---|---|
| 2022年2月 | 対話力研修 | プレゼンテーション研修 講義 |
| 3月 | 対話力研修 | プレゼンテーション研修 講義・実践&フィードバック |
| 4月 | 対話力研修 | プレゼンテーション研修 講義・実践&フィードバック |
| 5月 | 対話力研修 | プレゼンテーション研修 講義・実践&フィードバック |
| 6月 | 対話力研修 | プレゼンテーション研修 講義・実践&フィードバック |
| 7月 | 対話力研修 | プレゼンテーション研修 講義・実践&フィードバック |
| 9月 | 対話力研修 | ミーティングファシリテーション講義・実践&フィードバック |
| 10月 | 対話力研修 | 会議ファシリテーション実践編 観察&フィードバック |
| 11月 | 対話力研修 | 会議ファシリテーション実践編 観察&フィードバック |
| 12月 | 対話力研修 | 会議ファシリテーション実践編 観察&フィードバック |
| 2023年1月 | プレゼン研修 | 資料作成術や資料のデザイン・図式化について |
| 2月 | 生理痛体験 | |
| 3月 | エクセル研修 | 関数の活用(COUNT系、SUMIF、VLOOKUP等)、ピボットテーブル、ショートカットキー、データの持ち方、見やすい表の作り方、効率的な操作、関数・ピボットテーブルの活用 |
| 4月 | ストレングスファインダー | ワークショップを通じてストレングスファインダーの各自の上位資質についての理解を深め、今後の各自の人生や実務に役立てることを目指します |
| 5月 | | グループに分かれて会社をよくするための提言+その場で(できるだけ)導入可否の判断 |
| 6月 | ミツカリを用いた自己特性の理解、他者とのコミュニケーション方法の理解 | |
| 7月 | アサーション入門 | 相手に嫌な思いをさせることなく、言いにくいけど言わなきゃいけないことを伝える技術 |
| 8月 | 感情マネジメント講座 | |
| 9月 | 交流分析入門 | コミュニケーションをとる人間の心を5つに分類し、円滑にコミュニケーションをとるために相手の心のタイプに合わせてこちらの心のタイプをセットするとよい、というコミュニケーションにあたり自分の心の持ち方を学習する。 |
| 11月 | コーチング基礎講座 | コーチング:メンバーの成長を支援するコミュニケーションスキル。メンバーの成長を支援し、チームを底上げするコミュニケーションを学ぶ。 |
| 12月 | ミディエーション | 二者間の争いごとを、第三者の仲介者(ミディエーター)が援助しながら、当事者同士で話し合って解決策を見出していく技術を習得する |
| 2023年1月 | 芸人の舞台裏から学ぶ笑いのコミュニケーション 〜笑いは大人の上質な気配り〜 | コミュニケーションスキルを「笑い」の面から習得する |
| 3月 | アサーション&コーチング応用 | |
| 4月 | 望ましいふるまいや言葉、表現を改めて考えてみよう | クライアント(仕事上の相手側)の立場になって、「不満」に感じているだろうポイントを想像する。各ユニットに分かれて業務の振り返り、改善、新たな打ち手の検討などを実施。 |

す。相手に言ってあげないと、その方は気づかずに、ずっとそれが正しいと思って過ごしてしまいます。相手の成長を願って厳しい内容も敢えて伝える。その代わり、伝え方もしっかりと考える習慣こそが、双方にとって有益なコミュニケーションになっていきます。

言われた側も、適切な指摘で適切な表現であれば受け入れてくれるはずです。仮にそれが受け入れられなかったとしても、「次はどうしたらいいのか?」という問いが生まれます。フィードバックを心理的に面倒だと思って行わなかった場合には、この問いは生まれません。これではビジネスパーソンとして成長する機会を逸してしまうと筆者は考えています。

また会社のカルチャー形成においても、フィードバックは大変重要な意味を持つと考えています。例えば、会社としてあまり推奨されない行動をしている先輩社員がいて、その事象を見た別の社員がフィードバックを入れなかったとします。そうすると、新入社員や入社歴の浅い社員がその先輩社員の行動を正しいものだと認識してしまい、推奨されていない行動が伝播していきます。そういった点からも、相手の成長やカルチャーにも影響を及ぼすため、会社のカルチャー形成の一端を担っているのが自分たちであるという自覚を持ってチャレンジしてほしい。そういう思いで、フィードバックを研修の中心に置いています。

## 初めて仕事をした時に得た「楽しい」という感覚

日々の業務に楽しそうに打ち込み、ちょっと気恥ずかしい研修でさえ全力で取り組んでいる彼らを見ているうちに、筆者は一時期忘れていたことを思い出していました。

初めて仕事をした時に得た「楽しい」という感覚です。仕事とはもともとつらいものではなく、本来はとても楽しいものなのです。筆者が初めて仕事を経験したのは、高校生の時でした。スーパーでのレジ打ちと、自宅から10キロ離れた漁港でのアルバイトです。アルバイトを始めた理由は「家計の足しになれば」という思いからでした。

筆者の生まれは大阪府泉佐野市です。幼い頃で覚えているのは、庭に池があり鯉を飼っている裕福な自宅です。しかし筆者が6歳の時に、両親は離婚しました。その後、母と2人の姉、そして筆者の4人で暮らすことになります。

一家4人で、収入は13万円弱。世帯収入の面からも、完全に生活保護の対象でした。しかし母は、生活保護を受け取りませんでした。筆者たちの大学進学に影響が出ることを懸念したのです。当時は世帯分離の問題などもあり、生活保護世帯の子どもは大学に進学しづらい状況でした。社会通念として、「生活保護世帯なのだから、大学に行ってはいけない。高校を卒業したらすぐに働くべきだ」という考え方が当たり前でした。生活保護を受けなければ、姉2人と筆者を進学させられる。暮らし向きはかなりきつかったのですが、母は歯を食いしばって働いてくれました。

そのような家庭環境でしたから、高校生になってすぐにアルバイトを始め、家計を助けるというのは、筆者にとって自然なことでした。「遊びたい盛りなのに、家のためにアルバイトをして大変だね」と言われたこともあります。しかし実際のところ、アルバイトではありましたが、筆者は「仕事って面白い」という感覚を得ていました。特に漁港での仕事がそうでした。そこでは、観光客相手にホタテや鮭などの食べ物やお土産を販売する業務についていました。お客様に買ってもらうたびに、達成感や充足感を覚えていたのです。自分がセールスという仕事に向いていると実感したのもこの時です。

2人の姉は無事、進学していました。筆者も名古屋市にある南山大学に合格し、母の希望を叶えることができました。

そして大学在学中もアルバイトに明け暮れました。パン屋、求人広告の営業、居酒屋など。常時3つ程度のアルバイトを掛け持ちで、授業そっちのけで働いていました。学費や生活費を稼ぐためだったのですが、正直に言うと、授業よりも働くほうが楽しかったのです。

楽しみの源泉は様々でした。商品が売れること。お客様の喜ぶ顔を見ること。チームでいろいろ考えて打開策を打ち出すこと。中でも、居酒屋のアルバイトで、社員と同様に働かせていただいた経験や、居酒屋に来る社会人に「社会人とは」ということを教えてもらいながら、「早く社会に出たい」「こんなキラキラした人たちと一緒に仕事をしてみたい」と思っていたことを思い出します。

## 「仕事はもともとつまらないもの」は本当か？

就職したあとも気持ちに変わりはありませんでした。東京支社時代も当社創業期も、とにかく仕事が楽しくて仕方ない。筆者にとって本来、仕事とは楽しいものだったのです。

一方で、新聞や雑誌などのメディアでは、よく「日本人は仕事に喜びや楽しさを見出していない」という記事や調査結果を目にします。実際、たまに「仕事とはつまらないものだ。生活のために、仕方なくやるものだよ」と語る人に出会います。しかし、海外企業の方と接していると、みんな実に楽しそうに仕事をしていることに気づきます。海外展示会などに行けば、ブースの担当者はフランクに声をかけてくれます。商品について尋ねると、「私はこの会社の社員で、自分で言うのも何だけど、この商品はすごい。こんなに画期的なものは他に見たことがないよ」と、驚くほど熱心に説明をしてくれるのです。

では、日本人は本質的に働くことが嫌いなのでしょうか。もちろん、そんなことはないと思います。仕事自体がつまらないのではなく、単にその会社の仕事の仕方がつらい、あるいは面白くないだけかもしれません。

「仕事がつまらない」という状態は、あくまで環境や本人の捉え方次第の相対的なものでしかなく、やり方や考え方を変えれば容易に「楽しいもの」に転換できるのではないかと思います。

2023年にアメリカのギャラップが発表した「グローバル職場環境調査」によると、仕事への熱意は、日本人は145カ国中で最下位です。アメリカがトップというデータも、現地にいると肌で理解できます。この結果は、もしかしたら終身雇用や雇用の流動性と密接につながっているのではないでしょうか?

## 会社として、個人としてこれから目指していくこと

経営者として今、身が引き締まる思いも感じています。

筆者は、会社とは「コミュニティ」の一形態だと思っています。会社とは、誰か特

定の個人に帰属するものではなく、みんなのものです。会社や仕事を私物化するのは間違った考え方です。会社は社長の持ち物ではありません。部下は上司の手先ではありません。業務やクライアントは、仕事ができるマネジャーの私物ではありません。仕事や会社は誰かから強制されるものではなく、嫌になったり、「もういいや」と思ったりしたら、個々人の判断でいつでも離れて良いものなのです。そう考えると、会社で一緒に働いてくれる社員は、非常にありがたいものだと実感します。

特に今、当社にいる社員の多くは、どこに行っても一定のバリューを発揮し、仕事を楽しむことができる人たちです。他のどこでも通用する優秀な社員が、数ある会社の中から、敢えて当社というコミュニティを選んでくれている。これはすごいことです。

最近では嬉しいことに、クライアント企業からわざわざ当社に転職してくる人が増えています。広告業界では、代理店側からクライアント企業に転職するケースがほとんどですが、今の当社では、その逆の現象が起きているのです。我々との仕事を通して当社のカルチャーやスピード感、やろうとしていることを面白いと感じてもらえたからだと思っています。

２０２３年、トライステージグループはホールディング経営体制に移行しました。グループ親会社を「株式会社ストリートホールディングス」に社名変更し、事業会社の計５社をダイレクトマーケティング（ＤＭ）事業とデジタルトランスフォーメーション（ＤＸ）事業、ダイレクト・トゥ・コンシューマー（Ｄ２Ｃ）事業の３事業に再編しました。２０２４年、筆者は、ＤＸ事業を担う当社の経営と、グループ親会社のストリートホールディングスの執行役ＣＯＯを兼務することになりました。アドフレックス・コミュニケーションズの代表取締役として、またストリートホールディングスのＣＯＯとして、グループ会社に所属しているみんながちゃんと利益を享受できるように、そしてこのコミュニティを選んで良かったと思ってもらえる組織を目指していかなければなりません。

そのうえで、デジタルマーケティングやＤＸ事業を通して、「働くことは楽しい」ということを世界に広めていく。そんな会社にしていきたいと思っています。

# おわりに

筆者には10歳になる息子がいます。

彼が生まれたのは、ちょうど当社が荒れていた頃でした。その後、いろいろな経緯から筆者が立て直しに奔走することになったわけですが、その間も、そして今も、ずっと心の片隅に置いているのが、

・息子に対して、恥ずかしくない仕事ができているかどうか
・現在の会社は、自分の子どもを働かせたい環境かどうか

という2点です。筆者は常に、それを自問自答しながら経営をしています。

いくつか上手くいったこともあります。しかし、まだすべてが理想通りというわけではありません。これからも、あるべき姿を実現していけるよう、貪欲に改善してい

きたいと思っています。

当社やストリートホールディングスをより良い組織にしていくこと以外にも、個人的にいつか実現したい目標があります。

それは、地方にいる若者にいろんな情報に触れて様々な選択肢を将来に持っていただきたいことです。地方出身の私から見ると、東京や関東地方在住の若者は多様な情報や文化に触れられるという点で非常に恵まれていると思います。小学生の子どもと大学生が一緒に遊ぶ機会があったり、起業家やフリーランスなど多様な働き方をしている社会人と話す機会や環境もあったりするでしょう。地方にいてもそういう機会や環境を得ようと行動に移す方々においては多様な将来の実現も可能だと思います。

しかし東京などと比べるとその獲得は非常に障壁が高いと思われます。それゆえに地方の若手人材が将来大人になって活躍するイメージが持たれにくいのではないでしょうか。それは地方にいる人材だけではなく都市部に住む人も含めて日本人全体に言えることなのかもしれませんが、「世界はもっと広い」、やりたいこともやれることももっとあるはず。そう思っています。そのために筆者は、将来自分がやりたいこととして、まずは東京などの都市部でも通用する人材を地方で育てていく、そういうことに挑戦してみたいと考えています。

具体的には、地方の学校を買い取って、投資などお金の知識や起業におけるプロセス、また実務的なスキルの面ではプログラミングや動画編集など、社会に出てある程度通用する実用的なスキルや、この世界の大きさを伝えられるような学校を作りたいと思っています。どうしても地方にいると一次産業や地元で長年続く企業への就職だけが将来の選択肢と感じる一面があるのではないかと考えるからです。

地方が繁栄するためには何か特徴のある街づくりが必要ではないでしょうか？　それが例えばシリコンバレーのようなコミュニティに育ち、周辺に企業が集まってくるようになれば、日本の未来ももっと明るくなっていくのかもしれません。

地方と都市部の情報格差の問題や、教育機関の問題、また地方のまちのシリコンバレー化など、みな大きな課題で、しかもまだ漠然とした夢のようなものです。どれも一朝一夕で何とかなるものではありません。

しかし、筆者をここまで育ててくれたコミュニティや人との出会いに恩返しするためにも、できるところから少しずつ、変革をしていければと思っています。

夢がすべて叶うのは、いつになるかなぁ。

最後に。本書の出版にあたっては、多くの方にお世話になりました。改めてお礼を申し上げたいと思います。

日経BPの石橋廣紀さんにお声掛けをいただき、日経BPマーケティングの杉田翔さん、大平柾樹さんにも手厚いサポートをいただきました。ブリッジワークスの安藤大介さん、渡部睦史さんにも、制作にあたり、多大なご協力をいただきました。

そして何より、日々、筆者の思いつきに振り回されている我が社の人事と総務のみなさんをはじめ従業員のみなさん、あなたたちには頭が上がりません。

新制度を導入するたびに社内規則や内規を更新しなければならず、大きな負荷をかけていることと思います。

でも、あなたたちの迅速な対応がなければ、数々の改革は成功しなかった。いつも本当にありがとう。感謝してもしきれません。

また何か面白い改革を思いついたら、躊躇《ためら》うことなくどんどん実行していくので、そのときはよろしくお願いします。

桑畑　治彦

2024年11月

株式会社アドフレックス・コミュニケーションズ代表取締役
株式会社ストリートホールディングス執行役COO

桑畑治彦　くわはた・はるひこ

株式会社アドフレックス・コミュニケーションズ代表取締役。1982年生まれ。和歌山県出身。南山大学外国語学部を卒業後、大手SIerを経てアドフレックス・コミュニケーションズ創業に参画。2017年より現職。その後、同社の経営を再建。2022年よりベインキャピタル・プライベート・エクイティ・ジャパン・LLC傘下で、株式会社ストリートホールディングス執行役COOに就任し、グループの新規事業創出とM&Aを担当。

---

# 「脱・ブラック企業」の経営戦略
## 業務の可視化と標準化による組織変革

2024年12月12日　　1版1刷

著　者　　桑畑治彦

発行者　　中川 ヒロミ
発　行　　株式会社日経BP
日本経済新聞出版
発　売　　株式会社日経BPマーケティング
〒105-8308　東京都港区虎ノ門4-3-12
装幀・本文デザイン・DTP　　中川 英祐（Tripleline）
印刷・製本　　錦明印刷株式会社
ISBN 978-4-296-12309-4

---



---

Printed in Japan